Wolfgang Amadeus Mozart

Briefe von Mozart

Mozart, Wolfgang Amadeus

Briefe von Mozart

ISBN: 978-3-86741-4630

Auflage: 1
Erscheinungsjahr: 2010
Erscheinungsort: Bremen, Deutschland

Cover: Foto © S. Hofschlaeger/Pixelio

Bei diesem Titel handelt es sich um den Nachdruck eines historischen, lange vergriffenen Buches. Da elektronische Druckvorlagen für diese Titel nicht existieren, musste auf alte Vorlagen zurückgegriffen werden. Hieraus zwangsläufig resultierende Qualitätsverluste bitten wir zu entschuldigen.

Wolfgang Amadeus Mozart

geb. Salzburg, 27. Jänner 1756,
gest. Wien, 5. Dezember 1791.

Unterwegs nach dem Opernland Italien

(Wörgl, Dezember 1769)

Allerliebste Mama!

Mein Herz ist völlig entzücket aus lauter Vergnügen, weil mir auf dieser Reise so lustig ist, weil es so warm ist in dem Wagen und weil unser Kutscher ein galanter Kerl ist, welcher, wenn es der Weg ein bischen zuläßt, so geschwind fahrt. Die Reisebeschreibung wird mein Papa der Mama schon erklärt haben, die Ursache, daß ich der Mama geschrieben, ist zu zeigen, daß ich meine Schuldigkeit weiß, mit der ich bin in tiefstem Respect Ihr getreuer Sohn

Wolfgang Mozart.

Carissima sorella mia!
Siamo arrivati a wirgel.*)

Kunterbunt von Sprachen und Dialekten

Neapel, den 5. Juny 1770.
C. S. M.**)

Heut raucht der Vesuvius stark. Potz Blitz und ka nent aini. Haid homa gfresa beym Herrn Doll.

---

*) Meine liebste Schwester! Wir sind in Wörgl angekommen.
**) Cara sorella mia! (Meine liebe Schwester!)

Dos is a deutscha Compositör und a brawa Mo. Anjetzo beginn' ich meinen Lebenslauf zu beschreiben. Alle 9 ore, qualche volta anche alle dieci mi sveglio, e poi andiamo fuor casa, e poi pranziamo da un trattore, e dopo pranzo scriviamo, e poi sortiamo, e indi ceniamo, ma che cosa? Al giorno di grasso, un mezzo pollo ovvero un piccolo boccone d'arrosto; al giorno di magro, un piccolo pesce; e di poi andiamo a dormire. Est-ce que Vous avez compris?*) Redma dafir soisburgarisch, don as is gschaida. Wir sand Gottlob gesund, da Voda und i. Ich hoffe, Du wirst Dich auch wohl befinden, wie auch die Mama. Neapel und Rom sind zwey Schlafstädte. A scheni Schrift! Net wor? Schreibe mir und sey nicht so faul. Altrimente avrete qualche bastonate die me. Quel plaisir! Je te casserai la tête.**) Ich freue mich schon auf die Porträte, und i bi korios, wias da gleich sieht; wons ma gfoin, so los i mi un den Vodan a so macha. Mädli, laß Da saga, wo bist dann gwesa, he? Die Oper hier ist von Jomelli; sie ist schön, aber zu gescheut und zu altväterisch für's Theater. Die de Amicis singt unvergleichlich, wie auch der Aprile, welcher zu Mailand gesungen hat. Die Tänze sind miserabel pom-

---

*) Um 9 Uhr, manchmal auch um 10 wache ich auf, dann gehen wir außer Haus und dann mittagmahlen wir in einem Wirtshaus, nach dem Essen schreiben wir, dann gehen wir weg. Darauf speisen wir zu Abend, aber was? An einem Fleischtag ein halbes Huhn oder ein kleines Stück Braten, an einem Fasttag einen kleinen Fisch; und nachher gehen wir schlafen. Hast Du verstanden?
**) Andernfalls bekommst Du Schläge von mir. Welch Vergnügen! Dir ein Kopfstück zu geben.

pös. Das Theater ist schön. Der König*) ist grob neapolitanisch auferzogen und steht in der Oper allezeit auf einem Schemerl, damit er ein bissel größer als die Königin scheint. Die Königin ist schön und höflich, indem sie mich gewiß sechsmal im Molo (das ist eine Spazierfahrt) auf das freundlichste gegrüßt hat.

N. S. Meinen Handkuß an die Mama!

Sängerlaunen

(Nachschrift zum Brief des Vaters, Mailand, 24. November 1771)

Allerliebste Schwester!

Der Hr. von Älfen ist zu Mayland und ist immer der nämliche wie er zu Wien und zu Paris ware. Noch etwas neues weiß ich: Der Hr. Manzuoli, der sonst von allen Leuten als der Gescheiteste unter den Castraten angesehen und gehalten worden, hat in seinen alten Tägen ein Stück seiner Unvernunft und Hoffart gezeigt. Er war für die Opera mit 500 cigliati beschrieben und, weil nichts von der Serenata in der scrittura gemeldet worden, so hat er für die Serenata noch 500 cigliati haben wollen, also 1000 cigliati. Der Hof hat ihm nur 700 und eine schöne goldene Dosen gegeben, (ich glaube es wäre genug), er aber als ein Castrat hat die 700 cigl.

---

*) Ferdinand IV. von Neapel.

samt goldener Dosen zurückgegeben und [ist] ohne nichts weggereiset. Ich weiß nicht, was für ein Ende diese Historie nehmen wird. Ich glaub, ein übles. Sonst weiß ich nichts. Meinen Handkuß an die Mama. Empfehlungen an alle guten Freunde und Freundinnen. Addio. Lebe wohl. Ich bin Dein

wahrer getreuer Bruder
Wolfgang

Vor der Aufführung der Oper „Lucio Silla"

(An die Schwester, Nachschrift zum Brief des Vaters, Mailand, 18. Dezember 1772)

Ich hoffe, Du wirst Dich gut befinden, meine liebe Schwester. Wenn Du diesen Brief erhältst, meine liebe Schwester, so geht denselbigen Abend, meine liebe Schwester, meine Opera in scena. Denke auf mich, meine liebe Schwester, und bilde Dir nur, meine liebe Schwester, kräftig ein, Du siehst und hörst, meine liebe Schwester, sie auch. Freulich ist es hart, weil es schon 11 Uhr ist, sonst glaube ich und zweifle gar nicht, daß es beym Tag lichter ist als zu Ostern. Meine liebe Schwester, morgen speisen wir beym Hr. v. Mayer und warum, glaubst Du? Rathe? Weil er uns eingeladen hat. Die morgige Probe ist auf dem Theatro. Der Impresario aber, der Sig. Castiglione, hat mich ersucht, ich solle niemand nichts davon sagen, denn sonst laufen alle

Leute hinein und das wollen wir nicht. Also mein Kind, ich bitte Dich, sage niemandem nichts darvon, mein Kind, denn sonst laufeten zu viel Leute hinein, mein Kind. Approposito. Weißt Du schon die Historie, die hier vorgegangen ist? Nun will ich sie Dir erzählen. Wir gingen heut von Graf Firmian weg, um nach Haus zu gehen, und als wir in unsere Gassen kamen, so machten wir unsere Hausthüre auf und, was meinst Du wohl, was sich zugetragen? Wir gingen hinein. Leb wohl, mein Lungel, ich küsse Dich, meine Leber, und bleibe wie allzeit, mein Magen, Dein unwürdiger

$$\frac{\text{frater}}{\text{Bruder}}\text{ Wolfgang}$$

Bitt, bitt, meine liebe Schwester, mich beißt's, kratze mich.

Ballspiel mit Worten

(An Schwester Nannerl in Salzburg, Mailand, 16. Januar 1773)

1 3 2 4 5 7 6 8
Ich vor habe den primo eine homo motetten
1 3 2 4
machen, welche müssen morgen .
1 3 2 4 5
bei Theatinern den produziert wird.
1 3 2 4 6 5
Seyet auf. wohl Ich Euch bitte.

Lebe wohl. Addio.

{
1   3   5   7   9   11   13

{ 1 3 5 7 9 11 13
Mir leide, ich neues meine an gutte
2 4 6 8 10 12 14
ist daß nichts weiß, Empfehlung alle Freunde

{ 1 3 5 7 9 11
und Lebe meinen an Mama küsse
2 4 6 8 10 12
Freundinnen wohl Handkuß die ich dich

{ 1 3 5 7 9 2 4 6
zu und wie Dein Bruder tausendmal bleibe allzeit
8 10
getreuer Mailand.*)

Mozarts Oper „La finta giardiniera" findet Beifall

(An die Schwester)

München, den 14ten Jänner 1775.

Gottlob! Meine Opera ist gestern als den 13ten in scena gangen und so gut ausgefallen, daß ich der Mama den Lärmen ohnmöglich beschreiben kann. Erstens war das ganze Theater so gestrotzt voll, daß viele Leute wieder zurück haben müssen. Nach einer jeden Aria war allzeit ein erschröckliches Getös mit Klatschen und „Viva-Maestro"-Schreyen. S. Durchlaucht die Churfürstin und die Verwitwete, (welche mir vis à vis waren), sagten mir auch bravo. Wie die Opera aus war, so ist unter der Zeit, wo man still ist, bis das Ballett anfängt, nichts

---

*) Die Ziffern und Klammern, die zur Auflösung dienen, stammen nicht von Mozart.

als geklatscht und bravo geschryen worden; bald aufgehört, wieder angefangen und so fort. Nach dem bin ich mit meinem Papa in ein gewisses Zimmer gegangen, wo der Churfürst und der ganze Hof durch muß, und habe S. D. dem Churfürst und Churfürstin und den Hoheiten die Hände geküßt, welche alle sehr gnädig waren. Heunt in aller Frühe schickt S. fürstliche Gnaden, Bischof in Chiemsee, her und läßt mir gratulieren, daß die Opera bey allen so unvergleichlich ausgefallen ist. Wegen unserer Rückreise wird es so bald nichts werden und die Mama soll es auch nicht wünschen, denn die Mama weiß ja, wie wohl das Schnaufen thut. — Wir werden noch früh genug — kommen. Eine rechte und notwendige Ursache ist, weil den künftigen Freytag die Opera abermal geben wird und ich sehr nothwendig bey der Production bin. — Sonst würde man sie nicht mehr kennen, — denn es ist gar curios hier. Ich küsse der Mama 1000 mal die Hände. Meine Empfehlungen an alle guten Freunde und Freundinnen. An M. Andretter mein Compliment; ich bitte ihn um Verzeihung, daß ich noch nicht geantwortet, aber ich hatte ohnmöglich Zeit; mit nächstem soll es geschehen. Adieu. An Bimberl 1000 Busserln.

Mit der Mutter auf der Fahrt in die Welt

Wasserburg, 23. 9. 1777.

Mon très cher Père.

Wir sind Gott Lob und Dank, glücklich zu Wagin, Stain, Ferbertshaim und Wasserburg ankom-
men. Nun eine kleine Reise-Beschreibung: Gleich als
wir zum Thor kamen, mußten wir fast eine viertel
Stunde warten, bis uns das Thor ganz aufgemacht
wurde. Denn man war in Arbeiten. Vor Schinn
begegneten wir eine Anzahl Kühe, worunter eine
merkwürdig war, — denn sie war einseitig, welches
wir noch niemal gesehen haben. Zu Schinn endlich
sahen wir einen Wagen, welcher still stund und
Ecce, unser Postillion, rief also gleich: Da müssen
wir wechseln. Meinetwegen, sprach ich. Meine Mama
und ich parlierten, als ein dicker Herr an Wagen
kam, dessen Sinfonie mir sogleich bekannt war. Es
war ein Kaufmann von Memmingen. Er betrachtet
mich eine gute Weile, endlich sagt er: Sie sind ja
der H. Mozart? Zu dienen? Ich kenne Sie auch, aber
Ihren Namen nicht. Ich habe Sie vor einem Jahr in
Mirabell bey der Musique gesehen. Darauf entdeckte
er mir seinen Namen, den ich aber, Gott Lob und
Dank, vergessen habe. Doch behielte ich aber einen
vielleicht wichtigeren. Er hatte damals, als ich ihn
in Salzburg gesehen, einen jungen Menschen bey
sich und nun einen Bruder dieses jungen Menschen,
welcher von Memmingen ist und sich H. von Un-
hold schreibt. Dieser junge Herr bat mich recht,

ich möchte doch, wenns möglich ist, nach Memmingen kommen. Wir gaben diesen Herrn 100 000 Complimente an Papa und meine Schwester, die Canaglie, auf. Sie versprachen uns auch, daß sie selbe gewiß ausrichten werden. Dies Postwechseln war mir sehr ungelegen, denn ich hätte dem Postillon gern von Wagin aus einen Brief mitgegeben. Nun hatten wir die Ehre (nachdem wir zu Wagin ein wenig gesessen hatten), von .den nämlichen Pferden fortgezogen zu werden, mit welchen wir schon anderthalb Stund bis Stain gefahren sind. Zu Wagin war ich allein auf einen Augenblick bey dem H. Pfarrer. Er machte große Augen. Er wußte von unsrer ganzen Historie nichts. Von Stain fuhren wir mit einem Postillion, der ein ganz erschröcklicher Phlegmaticus war. NB! im Fahren! Wir glaubten nicht mehr auf die Post zu kommen. Endlich kamen wir doch an. (Meine Mama schläft schon halb), NB., weil ich dieses schreibe. Von Ferbertshaim bis Wasserburg ging alles ganz gut. Viviamo come i Principi.*) Uns gehet nichts ab als der Papa, je nu, Gott wills so haben. Es wird noch alles gut gehen. Ich hoffe, der Papa wird wohl auf seyn und so vergnügt wie ich, ich gebe mich ganz gut drein. Ich bin der ander Papa. Ich gieb auf alles acht. Ich habe mir auch gleich ausgebeten, die Postillions auszuzahlen, denn ich kann doch mit den Kerls besser sprechen als die Mama. Zu Wasserburg beym Stern ist man unvergleichlich bedient. Ich sitze da wie ein Prinz. Vor einer halben Stund, (meine Mama war just auf dem Häusel), klopfte der Haus-

*) Wir leben wie die Fürsten.

knecht an und fragte sich um allerley Sachen an
und ich antwortete ihm mit aller meiner Ernst-
haftigkeit, wie ich im Portrait bin. Ich muß schließen, meine Mama ist schon völlig ausgezogen. Wir
bitten alle zwey, der Papa möchte Achtung geben
auf seine Gesundheit. Nicht zu früh ausgehen, nicht
sich selbst Verdruß machen. Brav lachen und lustig
seyn und allzeit mit Freuden wie wir, gedenken,
daß der Mufti H. Colloredo ein Schwanz, Gott
aber mitleidig, barmherzig und liebreich seye. Ich
küsse dem Papa 1000mal die Hände und umarme
meine Schwester Canaglie so oft, als ich heute
schon — — Tobak genommen habe. Ich glaube, ich
habe zuhause meine Dekreter vergessen? — Ich
bitte, mir selbe in Bälde zu schicken. In der Früh
um halb 7, den 24ten sept^{tbr}.

gehorsamster Sohn
Wolfgang Amadé Mozart

P. S. Die Feder ist grob und ich
     bin nicht höflich.

Wasserburg, den 23 sept^{ber}.
1777, undecima hora nocte tempore

Beim Stadtpfleger von Augsburg,
der Heimat des Vaters.

(An den Vater, Augsburg, 14. Okt. 1777)

Mithin haben wir uns nicht im Dato geirret, denn
wir haben noch vor Mittag geschrieben und wir werden, glaube ich, künftigen Freytag, als übermorgen

wieder weg. Dann hören Sie nur, wie schön, generos die Hr. Augspurger sind! Ich bin noch in keinem Ort mit so vielen Ehrenbezeugungen überhäufet worden, wie hier. Mein erster Gang war zum Hr. Stadtpfleger von Langenmantel. Mein Hr. Vetter, der ein rechter, braver, lieber Mann und ein ehrlicher Burger ist, hat mich hin begleitet und hatte die Ehre, oben im Vorhause wie ein Lakai zu warten, bis ich von dem Erz-Stadtpfleger herauskommen würde. Ich ermangelte nicht, gleich vom Anfang die unterthänigste Empfehlung von Papa auszurichten. Er erinnerte sich allergnädigst auf alles und fragte mich: Wie ists dem Herrn immer gegangen? Ich sagte gleich darauf: Gott Lob und Dank recht gut und Ihnen, hoffe ich, wird es auch ganz gut gegangen seyn? Er wurde hernach höflicher und sagte *Sie* und ich sagte Euer Gnaden, wie ich es gleich vom Anfang getan hatte. Er gab mir keinen Fried, ich mußte mit ihm hinauf zu seinem Schwiegersohn (im 2. Stock) und mein Hr. Vetter hatte die Ehre, unterdessen über eine Stiege im Pflez*) zu warten. Ich mußte mich zurückhalten mit aller Gewalt, sonst hätte ich mit der größten Höflichkeit etwas gesagt. Ich hatte oben die Ehre, in Gegenwart des gestarzten Hr. Sohn und der langhachsigen gnädigen jungen Frau und der einfältigen alten Frau so beyläufig ¾ Stunde auf einem guten Clavicord von Stein zu spielen. Ich spielte Phantasien und endlich alles, was er hatte, prima vista; unter andern sehr hübsche Stücke von einem gewissen Edelmann. Da war alles in der größten Höflichkeit und ich war auch sehr höflich. Denn meine Gewohnheit ist, mit

*) Soviel wie Flies, Flur.

den Leuten so zu seyn, wie sie sind. So kömmt man am besten hinaus. Ich sagte, daß ich nach dem Essen zum Stein gehen würde. Der junge Herr trug sich allsogleich selbst an, mich hinzuführen. Ich dankte ihm für seine Güte und versprach, nach Mittag um 2 Uhr zu kommen. Ich kam, wir gingen miteinander in Gesellschaft seines Hr. Schwagers, der einem völligen Studenten gleichsieht. Obwohlen ich gebeten hatte, still zu halten, wer ich sey, so war Hr. v. Langenmantel doch so unvorsichtig und sagte zum Hr. Stein „Hier habe ich die Ehre, Ihnen einen Virtuosen auf dem Clavier aufzuführen", und schmutzte dazu. Ich protestierte gleich und sagte, ich wäre nur ein unwürdiger scolar von Hr. Sigl in München, von dem ich ihm viele 1000 Komplimente ausgerichtet habe. — — Er sagte *nein* mit dem Kopf — — und endlich: — „Sollte ich wohl die Ehre haben, den Hr. Mozart vor meiner zu haben?" — — O nein, sprach ich, ich nenne mich Trazom*), ich habe auch hier einen Brief an Sie. Er nahm den Brief und wollte ihn gleich erbrechen. Ich ließ ihm aber nicht Zeit und sagte, was wollen Sie denn itzt da den Brief lesen, machen Sie dafür auf, daß wir in den Saal hinein können. Ich bin so begierig, Ihre Pianoforte zu sehen. Nu, meinetwegen, es sey, wie es wolle; ich glaube aber, ich betrüge mich nicht. Er machte auf. Ich lief gleich zu einem von den 3 Clavieren, die im Zimmer stunden. Ich spielte, er konnte kaum den Brief aufbringen vor Begierde, überwiesen zu seyn, er las nur die Unterschrift. O, schrie er und umarmte mich. Er

---

*) Krebsform des Namens *Mozart*.

verkreuzigte sich, machte Gesichter und war halt sehr zufrieden. Wegen seinen Clavieren werde ich nachgehends sprechen. Er führte mich hernach gleich in ein Cofféhaus, wo ich, wie ich hinein trat, glaubte, ich müßte wieder zurückfallen, vor Gestank und Rauch vom Tabak. Ich mußte halt in Gottes Namen eine Stunde aushalten. Ich ließ mir auch alles gefallen, obwohlen [ich] in der Türkey zu seyn glaubte. Er machte mir dann viel Wesens mit einem gewissen Graf, Compositeur (doch nichts als von Flötenconcerts). Er sagte mir, das ist ganz was Besonderes und, was man halt übertriebenes sagen kann. Ich schwitzte im Kopf, Händ und am ganzen Leibe vor Angst. Dieser Graf ist ein Bruder zu die zwey, wo einer im Haag und der andere zu Zürich ist. Er gab nicht nach und führte mich gleich zu ihm. Das ist ein ganz nobler Mann. Er hatte einen Schlafrock an, wo ich mich nicht schämete, auf der Gasse ihn zu tragen. Er setzte alle Wörter auf Stölzen und macht gemeiniglich das Maul ehender auf, als er nur weiß, was er sagen will. Manchmal fällt es auch zu, ohne etwas zu tun gehabt zu haben. Er producirte nach vielen Complimenten ein Concert aus 2 Flöten. Ich mußte die erste Violin spielen. Das Concert ist so: Gar nicht gut ins Gehöre. Nicht natürlich. Er marschiert oft in die Töne gar zu plump und dies alles ohne die mindeste Hexerey. Wie es vorbey war, so lobte ich ihn recht sehr, denn er verdient es auch. Der arme Mann wird Mühe genug gehabt haben. Er wird genug studiert haben. Endlich brachte man ein Clavicord aus dem Cabinet heraus, (von Hr. Stein seiner Arbeit) recht gut, nur voll Mist und Staub.

Hr. Graf, welcher Director hier ist, stund da wie einer, der immer geglaubt hat, ganz besonders in seiner Reise durch die Töne zu seyn, und nun findet, daß man noch besonderer seyn kann und ohne dem Ohr wehe zu thun. Mit einem Wort, es war halt alles in Verwunderung. Nun muß ich schließen, sonst versäume ich die Post, die um 4 Uhr schon weg gehet. Nächstens die ganze Augspurgerische Historie. Ich küsse 1000 mal die Hände und bin

Wolfgang Mozart

Verliebte Neckereien mit dem Augsburger Bäsle, Maria Anna Thekla Mozart

Allerliebstes Bäsle *Häsle!*

Ich habe dero mir so werthes Schreiben richtig erhalten *falten,* und daraus ersehen *drehen,* daß der H. Vetter *Retter,* die Frau Bas *Has,* und Sie *wie* recht wohl auf sind *Kind.* Wir sind auch Gott Lob und Dank recht gesund *Hund.* Ich habe heute den Brief *schief* von meinem Papa *haha* auch richtig in meine Klauen bekommen *strommen.* Ich hoffe Sie werden auf meinen Brief *Trief,* welchen ich Ihnen aus Mannheim geschrieben, erhalten haben *schaben.* Desto besser, besser desto! Nun aber etwas Gescheutes. Mir ist sehr leid, daß der H. Prälat *Salat,* schon wieder vom Schlag getroffen worden ist *fist,* doch hoffe ich mit der Hülfe Gottes, wird es von keinen Folgen sein *Schwein.* Sie schreiben mir *stier,* daß Sie Ihr Versprechen, welches Sie mir vor meiner Abreise von Augspurg getan haben, halten werden, und das bald *kalt*. Nu, das wird mich gewiß freuen. Sie schreiben noch ferners, ja, Sie lassen sich heraus, Sie geben sich bloß, Sie lassen sich verlauten, Sie machen mir zu wissen, Sie erklären sich, Sie geben deutlich an Tage, Sie verlangen, Sie begehren, Sie wünschen, Sie wollen, Sie mögen, Sie befehlen, Sie deuten mir an, Sie benachrichtigen mich, Sie machen mir kund, daß ich Ihnen auch mein Portrait schicken soll *scholl*; eh bien, ich werde es Ihnen gewiß schicken... Ob Sie mich noch immer lieb haben? Das glaube ich. — Desto besser, besser desto. Ja so gehet es auf dieser Welt, der eine hat den Beutel, der andre das Geld. Mit wem halten Sie es? — Mit mir, nicht wahr? Das glaub ich... Gestern habe ich mit der gestrengen Fr. Churfürstin gesprochen und morgen als den 6ten werde ich in der Großen Gala-Academie spielen, und dann werde ich extra im Cabinett, wie mir die Fürstin-Chur selbst gesagt hat, wieder spielen. Nun was recht Gescheutes! Es wird ein Brief oder es werden Briefe an mich in Ihre Hände kommen, wo ich Sie bitte, daß — was? — Ja, kein Fuchs ist kein Has, ja daß, — — nun, wo bin ich denn geblieben? — — Ja recht, beim Kommen; ja, ja, sie werden kommen — ja — wer? Wer wird kommen? — Ja, jetzt fällt mirs ein, Briefe, Briefe werden kommen, — — aber was für Briefe? Je nun, Briefe an mich halt, die bitte ich mir gewiß zu schicken. Ich werde Ihnen schon Nachricht geben, wo ich von Mannheim weiters hingehe. Jetzt Numero 2 ich bitte Sie, warum nicht, ich bitte Sie, allerliebster Fex, warum nicht, daß, wenn Sie ohnedem an die Mad. Tavernier nach München schreiben, ein Compliment von mir an die 2 Madselles

Freysinger schreiben, warum nicht? curios, warum nicht? — — und die Jüngere, nämlich die Fräul. Josepha, bitte ich halt recht um Verzeihung, warum nicht, — warum sollte ich sie nicht um Verzeihung bitten? — curios — ich wüßte nicht, warum nicht? — Ich bitte sie halt recht sehr um Verzeihung, daß ich ihr bishero die versprochene Sonate nicht geschickt habe, aber ich werde sie, sobald es möglich ist, übersenden. Warum nicht? Was? — Warum nicht? Warum soll ich sie nicht schicken? Warum soll ich sie nicht übersenden? Warum nicht? Curios. Ich wüßte nicht, warum nicht? ... Vergessen Sie auch nicht von mir ein Compliment an Papa und Mama von die 2 Fräulein zu entrichten, den das ist grob gefehlt, wenn man Vater und Mutter vergessen thut sein müssen lassen haben. Ich werde hernach, wenn die Sonate fertig ist, selbe Ihnen zuschicken und einen Brief dazu, und Sie werden die Güte haben, selbe nach München zu schicken. Nun muß ich schließen und das thut mich verdrießen ... Nun leben Sie recht wohl, ich küsse Sie 10 000 mal und bin wie allezeit der alte junge

Sauschwanz Wolfgang
Amadé Rosenkranz.

Von uns zwei Reisenden tausend Complimente an Hr. Vetter u. Frau Bas. An alle meine guten Freund *heunt*, meinen Gruß *Fuß*. Addio Fex *Hex*.

Miehnnam ned net5 rebotco 7771*).

---

*) Jedes Wort von hinten nach vorn zu lesen. Mozart schreibt hier versehentlich statt November rebocto (October).

Geburts- und Namenstags-Glückwunsch für den Vater

Allerliebster Papa!

Ich kann nicht poetisch schreiben; ich bin kein Dichter. Ich kann die Redensarten nicht so künstlich eintheilen, daß sie Schatten und Licht geben, ich bin kein Maler. Ich kann sogar durchs Deuten und durch Pantomime meine Gesinnungen und Gedanken nicht ausdrücken, ich bin kein Tänzer. Ich kann es aber durch Töne, ich bin ein Musiker. Ich werde auch morgen eine ganze Gratulation für dero Namens- als Geburtstag bey Cannabich auf dem Clavier spielen. Für heute kann ich nichts, als Ihnen, mon très cher Père, alles vom ganzen Herzen wünschen, was ich Ihnen alle Tage, morgens und abends, wünsche. Gesundheit, langes Leben und ein fröhliches Gemüth. Ich hoffe auch, daß Sie itzt weniger Verdruß haben, als da ich noch in Salzburg war; denn ich muß bekennen, daß ich die einzige Ursach war. Man ging mit mir schlecht um, ich verdiente es nicht. Sie nahmen natürlicherweise Antheil, — aber zu sehr. Sehen Sie, das war auch die größte und wichtigste Ursache, warum ich von Salzburg wegeilte. Ich hoffe, auch mein Wunsch ist erfüllet. Nun muß ich mit einer musikalischen Gratulation schließen. Ich wünsche Ihnen, daß Sie so viele Jahre leben möchten, als man Jahre braucht, um gar nichts Neues mehr in der Musik machen zu können. Nun leben Sie recht wohl. Ich bitte Sie unterthänig, mich noch ein bischen lieb zu haben und mit diesem schlechten Glückwunsch unterdessen vorlieb zu nehmen, bis in meinem engen und kleinen Verstandeskasten neue Schubladen gemacht werden, wo ich den Verstand hinthun kann, den ich noch zu bekommen im Sinn habe. Ich küsse dem Papa 1000mal die Hände und verbleibe bis in den Tod

Mon très cher Père
gehorsamster Sohn
Wolfgang Amadé Mozart

Mannheim, den 8ten Novbre 1777

„Sie hat gar keine Gedanken"

(An den Vater, Paris, 14. Mai 1778)

Nun habe ich schon so viel zu thun, wie wird es erst auf den Winter gehn? Ich glaube, ich habe Ihnen schon im letzten Brief geschrieben, daß der Duc de Guines, dessen Tochter meine Scolarin in der Composition ist, unvergleichlich die Flöte spielt und sie magnifique die Harpfe. Sie hat sehr viel Talent und Genie, besonders ein unvergleichliches Gedächtnis, indem sie alle ihre Stücke, deren sie wirklich 200 kann, auswendig spielt. Sie zweifelt aber stark, ob sie auch Genie zur Composition hat, besonders wegen Gedanken, — Ideen. Ihr Vater aber, der, unter uns gesagt, ein bischen zu sehr in sie verliebt ist, sagt, sie habe ganz gewiß Ideen. Es seye nur Blödigkeit, sie habe zu wenig Vertrauen auf sich selbst. Nun müssen wir sehen. Wenn sie keine Ideen oder Gedanken bekömmt, (denn itzt hat sie wirklich gar keine), so ist es umsonst, denn ich kann ihr, weiß Gott, keine geben. Die Intention vom Vater ist, keine große Componistin aus ihr zu machen. Sie soll, sagte er, keine Opern, keine Arien, keine Konzerte, keine Sinfonien, sondern nur große Sonaten für ihr Instrument und für meines schreiben. Heute habe ich ihr die 4te Lection gegeben und, was die Regeln der Composition und das Setzen anbelangt, so bin ich so ziemlich mit ihr zufrieden. Sie hat mir zu dem ersten Menuett, den ich ihr aufgesetzt, ganz gut den Baß dazu gemacht. Nun fängt sie schon an, 3stimmig zu schreiben. Es geht, aber sie ennuiert sich gleich. Aber ich kann ihr nicht helfen, ich kann ohnmöglich weiter schreiten. Es ist zu früh, wenn auch wirklich das Genie da wäre, so ist aber leider keines da. — Man wird alles mit Kunst thun müssen. Sie hat gar keine Gedanken, es kömmt nichts. Ich habe es auf alle mögliche Art mit ihr probiert. Unter anderm kam mir auch in den Sinn, einen ganz simplen Menuett aufzuschreiben und zu versuchen, ob sie nicht eine Variation darüber machen könnte? Ja, das war umsonst. Nun, dachte ich, sie weiß halt nicht, wie und was sie anfangen soll. Ich fing also nur den ersten Takt an zu variieren und sagte ihr, sie solle so fortfahren und bey der Idee bleiben. Das ging endlich so ziemlich. Wie das fertig war, so sprach ich zu ihr, sie möchte doch selbst etwas anfangen, nur die erste Stimme, eine Melodie, — ja, sie besann sich eine ganze Viertelstunde und es kam nichts. Da schrieb ich also 4 Takte von einem Menuett und sagte zu ihr: Sehen Sie, was ich für ein Esel bin. Itzt fange ich einen Menuett an und kann nicht einmal den ersten Theil zu ende bringen. Haben Sie doch die Güte und machen Sie ihn aus. Da glaubte sie, das wäre ohnmöglich. Endlich mit vieler Mühe kam etwas an Tage. Ich war doch froh, daß einmal etwas kam. Dann mußte sie den Menuett ganz ausmachen, das heißt, nur die erste Stimme. Über Haus aber habe ich ihr nichts anders anbefohlen, als meine 4 Takte zu verändern und von ihr etwas zu machen, einen andern Anfang zu erfinden, — wenns schon die nämliche Harmonie ist, wenn nur die Melodie anders ist. Nun werde ich morgen sehen, was es ist. — Ich werde nun bald, glaube ich, die Poesie zu meiner Opera en deux acts bekommen. Dann muß ich sie erst dem Director Mr. de Vismes präsentieren, ob er sie annimmt. Da ist aber kein Zweifel nicht. Denn Noverre hat sie angegeben und dem Noverre hat de Vismes seine Stelle zu danken. Noverre wird auch bald ein neues Ballet machen und da werde ich die Musique dazu setzen. Rodolphe, (der Waldhornist) ist hier in königlichen Diensten und mein sehr guter Freund. Er versteht die Composition aus dem Grund und schreibt schön. Dieser hat mir die Organistenstelle angetragen zu Versailles, wenn ich sie annehmen will. Sie trägt das Jahr 2000 liv^{res}. Da muß ich aber 6 Monath zu Versailles leben. Die übrigen 6 zu Paris, oder wo ich will. Ich glaube aber nicht, daß ich es annehmen werde. Ich muß guter Freunde Rath darüber hören. 2000 liv^{res} ist doch kein so großes Geld. In teutscher Münze freylich, aber hier nicht. Es macht freylich das Jahr 83 louisd'or und 8 liv^{res}, das ist, unsriges Geld, 915 fl. und 45 kr.; (das wäre freylich viel), aber hier nur 333 Taler und 2 liv^{res}, — das ist nicht viel. Es ist erschröcklich, wie geschwind ein Taler weg ist. Ich kann mich gar nicht verwundern,

wenn man aus den louisd'or nicht viel hier macht,
denn es ist sehr wenig. 4 so Taler, oder eine Louis,
welches das nämliche, sind gleich weg. Nun Adieu.
Leben Sie recht wohl. Ich küsse Ihnen 1000 mal die
Hände und meine Schwester umarme ich vom ganzen
Herzen und bin Dero gehorsamster Sohn

Wolfgang Amadé Mozart

An alle guten Freund und Freundin meine Empfehlung, besonders an H. Bullinger.

Symphonie für das Concert spirituel

Paris ce 3 de juillet 1778

Monsieur
mon très cher Père!

... Ich habe eine Sinfonie, um das Concert spiri-
tuel zu eröffnen, machen müssen. Am Fronleichnams-
tag wurde sie mit allem Applaus aufgeführt. Es ist
auch, so viel ich höre, im Couriere de l'Europe eine
Meldung davon geschehen. Sie hat also ausnehmend
gefallen. Bey der Prob war es mir sehr bange, denn
ich habe mein Lebetag nichts schlechteres gehört. Sie
können sich nicht vorstellen, wie sie die Sinfonie
2 mal nacheinander herunter gehudelt und herunter
gekratzt haben. Mir war wahrlich bang. Ich hätte
sie gerne noch einmal probiert, aber weil man allzeit
so viel Sachen probiert, so war keine Zeit mehr. Ich

mußte also mit bangem Herzen und mit unzufriedenem und zornigem Gemüth ins Bette gehen. Den andern Tag hatte ich mich entschlossen, gar nicht ins Concert zu gehen. Es wurde aber abends gut Wetter und ich entschloß mich endlich mit dem Vorsatz, daß, wenn es so schlecht ging wie bey der Prob, ich gewiß aufs Orchester gehen werde und dem H. Lahoussaye, erste Violin, die Violin aus der Hand nehmen und selbst dirigieren werde. Ich bat Gott um die Gnade, daß es gut gehen möchte, indem alles zu seiner größten Ehre und Glorie ist und ecce: Die Sinfonie fing an, Raaff stund neben meiner und gleich mitten im ersten Allegro war eine Passage, die ich wohl wußte, daß sie gefallen müßte. Alle Zuhörer wurden davon hingerissen und war ein großes Applaudissement. Weil ich aber wußte, wie ich sie schriebe, was das für einen Effekt machen würde, so brachte ich sie aus die Letzt noch einmal an. Da gings nun da capo. Das Andante gefiel auch, besonders aber das letzte Allegro. Weil ich hörte, daß hier alle letzten Allegro, wie die ersten mit allen Instrumenten zugleich und meistens unisono anfangen, so fing ich mit die 2 Violinen allein piano nur 8 Takte an, darauf kam gleich ein Forte. Mithin machten die Zuhörer, (wie ichs erwartete), beym Piano sch, — dann kam gleich das Forte, — sie das Forte hören und die Hände zu klatschen, war eins. Ich ging also gleich für Freude nach der Sinfonie ins Palais Royale, nahm ein gutes Gefrornes, bat den Rosenkranz, den ich versprochen hatte, und ging nach Haus. Wie ich allzeit am liebsten zuhause bin und auch allzeit am liebsten zuhause seyn werde, — oder bey einem guten, wahren, redlichen Teutschen, der, wenn er ledig ist, für sich als ein guter Christ gut lebt, wenn er verheyrathet ist, seine Frau liebt und seine Kinder gut erzieht....

Über den Tod der Mutter

(An Abbé Bullinger in Salzburg.)

Paris le 4*) julliet 1778

Allerbester Freund!

Für Sie ganz allein.

Trauern Sie mit mir, mein Freund! — Dies war der traurigste Tag in meinem Leben. Dies schreibe ich um 2 Uhr nachts. Ich muß es Ihnen doch sagen, meine Mutter, meine liebe Mutter ist nicht mehr! Gott hat sie zu sich berufen. Er wollte sie haben, das sahe ich klar, mithin habe ich mich in Willen Gottes gegeben. Er hatte sie mir gegeben, er konnte sie mir auch nehmen. Stellen Sie sich nur alle meine Unruhe, Ängsten und Sorgen vor, die ich diese 14 Tage ausgestanden habe. Sie starb, ohne daß sie etwas von sich wußte, löschte aus wie ein Licht. Sie hat 3 Täge vorher gebeichtet, ist communicirt worden und hat die heilige Ölung bekommen. Die letzten drei Täge aber phantasierte sie beständig, und heut aber um 5 Uhr 21 Minuten griff sie in Zügen, verlor alsogleich dabey alle Empfindungen und alle Sinne. Ich drückte ihr

---
*) Versehentlich statt: 3. Juli.

die Hand, redete sie an, sie sahe mich aber nicht, hörte mich nicht und empfand nichts. So lag sie, bis sie verschied, nämlich in 5 Stunden um 10 Uhr 21 Minuten abends. Es war niemand darbey, als ich, ein guter Freund von uns, den mein Vater kennt, Hr. Haina, und die Wächterin. Die ganze Krankheit kann ich Ihnen heute ohnmöglich schreiben. Ich bin der Meynung, daß sie hat sterben müssen. Gott hat es so haben wollen. Ich bitte Sie unterdessen um nichts als um das Freundstück, daß Sie meinen armen Vater ganz sachte zu dieser trauerigen Nachricht bereiten. Ich habe ihm mit der nämlichen Post geschrieben, aber nur daß sie schwer krank ist. Warte dann nur auf eine Antwort, damit ich mich darnach richten kann. Gott gebe ihm Stärke und Muth! Mein Freund! Ich bin nicht itzt, sondern schon lange her getröstet! Ich habe aus besonderer Gnade Gottes alles mit Standhaftigkeit und Gelassenheit übertragen. Wie es so gefährlich wurde, so bat ich Gott nur um 2 Dinge, nämlich um eine glückliche Sterbstunde für meine Mutter und dann für mich um Stärke und Muth. Und der gütige Gott hat mich erhört und mir die 2 Gnaden im größten Maße verliehen. Ich bitte Sie also, bester Freund, erhalten Sie mir meinen Vater, sprechen Sie ihm Muth zu, daß er es sich nicht gar zu schwer und hart nimmt, wenn er das Ärgste erst hören wird. Meine Schwester empfehle ich Ihnen auch von ganzem Herzen. Gehen Sie doch gleich hinaus zu ihnen, ich bitte Sie. Sagen Sie ihnen noch nichts, daß sie tot ist, sondern preparieren Sie sie nur so dazu. Thun Sie, was Sie wollen, wenden Sie alles an, machen Sie nur, daß ich ruhig sein kann und daß ich nicht etwa ein anderes Unglück noch zu erwarten habe. — Erhalten Sie mir meinen lieben Vater und meine liebe Schwester. Geben Sie mir gleich Antwort ich bitte Sie. —

Adieu, ich bin dero gehorsamster dankbarster Diener
Wolfgang Amadé Mozart.

Aus Fürsorg
Rue du gros chenet .
vis â vis celle du croißant
à l'hotel des quatre fils aimont

Einmal ganz förmlich

(An den Erzbischof Hieronymus von Salzburg; Salzburg, Januar 1779)

Ihro Hochfürstlich Gnaden!
Hochwürdigster des Heil. Röm. Reichs
Fürst!
Gnädigster Landesfürst und Herr
Herr!

Euer Hochfürstlich Gnaden etc. hatten die Höchste Gnade, nach dem Absterben des Cajetan Adlgassers in Höchstdero Dienste mich gnädigst anzunehmen. Bitte demnach unterthänigst, als Höchstdero Hoforganisten mich gnädigst zu decretiern. Dahin, als zu all andern Höchsten Hulden und Gnaden mich in tiefester Unterthänigkeit empfehle

Euer Hochfürstlich Gnaden
meines gnädigsten Landesfürsten
und Herrn Herrn
unterthänigster und gehorsamster
Wolfgang Amadé Mozart.

Arbeit an dem „Idomeneo" in München

Munic ce 15 de Novembre 1780.

Mon très cher Père!

Ich habe Ihr Schreiben, oder vielmehr das ganze Paquet richtigst erhalten. Ich danke vielmals für die Anweisung. Bis itzt habe noch kein einzigmal zu Hause gespeist und habe also keine Ausgabe als Friseur, Balbier und Wäscherin und Frühstück. — Die Aria ist vortrefflich so. Nun gibt es noch eine Veränderung, an welcher Raaff schuld ist. Er hat aber recht. Und hätte er nicht, so müßte man doch seinen grauen Haaren etwas zu Gefallen thun. Er war gestern bey mir. Ich habe ihm seine erste Aria vorgeritten und er war sehr damit zufrieden. Nun, der Mann ist alt. In einer Aria, wie selbe im zweyten Akt, „fuor del mar hò un mare in seno" etc. kann er sich dermalen nicht mehr zeigen. Also, weil er im dritten Akt ohnedies keine Aria hat, wünschte er sich (weil seine im ersten Akt vermög dem Ausdruck der Worte nicht cantabile genug seyn kann) nach seiner letzten Rede: „O Creta fortunata! ò me felice!" anstatt dem quartetto eine hübsche Aria zu singen. Und auf diese Art fällt auch hier ein unnöthiges Stück weg und der dritte Akt wird nun weit bessern Effekt machen. Nun, in der letzten Scene im 2ten Akt hat Idomeneo zwischen den Chören eine Aria, oder vielmehr [eine] Art von Cavatina. Hier wird es besser seyn, ein bloßes Recitativ zu machen, darunter die Instrumenten gut arbeiten können. Denn, in dieser

Scene, die (wegen der Action und den Gruppen, wie wir sie kürzlich mit Legrand verabredet haben) die schönste der ganzen Opera seyn wird, wird ein solcher Lärm und Confusion auf dem Theater seyn, daß eine Aria eine schlechte Figur auf diesem Platz machen würde. Und überdies ist das Donnerwetter und das wird wohl wegen der Aria von H. Raaff nicht aufhören? — Und der Effekt eines Recitativs zwischen den Chören ist ungleich besser. — Die Liesel Wendling hat auch schon ihre zwey Arien ein halbdutzendmal durchgesungen; sie ist sehr zufrieden. Ich habe es von einer dritten Hand, daß die 2 Wendlinge ihre Arien sehr gelobt haben. Raaff ist ohnedies mein bester, liebster Freund! —

Meinem molto amato Castrato des Prato muß ich aber die ganze Opera lehren. Er ist nicht im Stande einen Eingang in eine Aria zu machen, der etwas heißt. Und eine ungleiche Stimme! — Er ist nur auf ein Jahr engagiert und, sobald das aus ist, welches künftigen September geschehen wird, so nimmt Graf Seeau einen andern. Da könnte Ceccarelli sein Glück versuchen. Serieusement.

Nun hätte ich bald das Beste vergessen. Graf Seeau hat mich letzten Sonntage nach dem Amt S. Churf. Durchlaucht dem Churfürst en passant fürgestellt, welcher sehr gnädig mit mir war. Er sagte: Es freuet mich, ihn wieder hier zu sehen. Und als ich sagte, daß ich mich beeifern werde, den Beyfall S. Ch. D. zu erhalten, — so klopfte er mich auf die Schultern und sagte: O, daran habe ich gar keinen Zweifel, daß alles sehr gut seyn wird. — A piano, piano, si và lontano. —

Ich bitte Sie, vergessen Sie nicht, auf alle Punkte, die die Opera betreffen, zu antworten, wie zum Beyspiel im vorigen Brief wegen dem Übersetzer. Ich soll einen Contract machen. —

Teufel! — Kann ich wieder nicht alles schreiben, was ich alles schreiben möchte. Den Augenblick war Raaff bey mir. Er läßt sich empfehlen, wie auch das ganze Canabichische und doppelt Wendlingische Haus. Ramm auch. Nun leben Sie recht wohl, ich küsse tausendm. die Hände. Der Conducteur geht gleich weg. — Adieu. Meine Schwester umarm ich.

Ich bin ewig

gehors. Sohn
Wolf. Am. Mozart

Meine Schwester soll nicht faul
seyn, sondern brav exercieren. —
Denn, man freuet sich schon auf Sie.
Mein Logis ist: In der Burggassen bey Mr. Fiat.
Es ist aber gar nicht nothwendig, die Adresse darauf zu setzen, denn auf der Post kennt man mich und weiß auch, wo, ich wohne.

Adieu.

Eck und sein Sohn Beecké lassen sich empfehlen.

Mozarts Bruch mit seinem fürstlichen Dienstherrn

Vienne ce 9de maj 1781

Mon très cher Père!

Ich bin noch ganz voll der Galle! — Und Sie, als mein bester, liebster Vater, sind es gewiß mit mir. —

Man hat solange meine Geduld geprüft, — endlich hat sie aber doch gescheitert. Ich bin nicht mehr so unglücklich, in Salzburgerischen Diensten zu seyn, — heute war der glückliche Tag für mich; hören Sie:

Schon zweymal hat mir der — ich weiß gar nicht, wie ich ihn nennen soll — die größten Sottisen und Impertinenzen ins Gesicht gesagt, die ich Ihnen, um Sie zu schonen, nicht habe schreiben wollen und nur — weil ich Sie immer, mein bester Vater, vor Augen gehabt habe, nicht gleich auf der Stelle gerächt habe. — Er nannte mich einen Buben, einen liederlichen Kerl, — sagte mir, ich sollte weiter gehen — und ich — litte alles, — empfand, daß nicht allein meine Ehre, sondern auch die Ihrige dadurch angegriffen wurde. — Allein — Sie wollten es so haben, — ich schwieg. — Nun hören Sie: — Vor 8 Tägen kam unverhofft der Laufer herauf und sagte, ich müßte den Augenblick ausziehen. — Den andern allen bestimmte man den Tag, nur mir nicht. — Ich machte also alles geschwind in den Koffer zusamm und — die alte Mad^{me} Weber war so gütig, mir Ihr Haus zu offerieren. Da habe ich mein hübsches Zimmer; bin bey dienstfertigen Leuten, die mir in allem, was man oft geschwind braucht, und (wenn man allein ist, nicht haben kann) an die Hand gehen. — Auf Mittwoch setzte ich meine Reise (als heute den 9ten) mit der Ordinaire fest, — ich konnte aber meine Gelder, die ich noch zu bekommen habe, in der Zeit nicht zusammen bringen, mithin schob ich meine Reise bis Samstag auf. — Als ich mich heute dort sehen ließ, sagten mir die Kammerdiener, daß der Erzbischof mir ein Paquet mitgeben will; — ich fragte, ob es pressiert; so sagten sie, ja, es wäre von großer Wichtigkeit. — So ist es mir leid, daß ich nicht die Gnade haben kann, S. H. Gnaden zu bedienen, denn ich kann (aus obengedachter Ursache) vor Samstag nicht abreisen. — Ich bin aus dem Hause, muß auf meine eigenen Kösten leben, — da ist es nun ganz natürlich, daß ich nicht eher abreisen kann, bis ich nicht imstande dazu bin, — denn kein Mensch wird meinen Schaden verlangen. — Kleinmayrn, Moll, Benecke und die 2 Leibkammerdiener gaben mir ganz recht. — Als ich zu ihm hineinkam, — NB. muß ich Ihnen vorher sagen, daß mir der Schlaucher schon gerathen, ich mochte die Excuse nehmen, daß die Ordinari schon besetzt seye, — das seye bey ihm ein stärkerer Grund; — als ich also zu ihm hineinkam, so war das erste: — *Erzb:* Nun, wann geht er denn, Bursch? — *Ich:* Ich habe wollen heute Nacht gehen, allein der Platz war schon verstellt. Dann gings in einem Odem fort: — ich seye der liederlichste Bursch, den er kenne, — kein Mensch bediene ihn so schlecht wie ich, — er rathe mir, heute noch wegzugehen, sonst schreibt er nach Haus, daß die Besoldung eingezogen wird; man konnte nicht zur Rede kommen, das ging fort wie ein Feuer. — Ich hörte alles gelassen an, — er lügte mir ins Gesicht, ich hätte 500 fl. Besoldung, — hieße mich einen Lumpen, Lausbub, einen Fexen — o, ich möchte Ihnen nicht alles schreiben. — Endlich, da mein Geblüt zu stark in Wallung gebracht wurde, so sagte ich: — Sind also Ew. H. Gnaden nicht zufrieden mit mir? — Was, er will mir drohn, o er Fex! — Dort ist die Tür, schau er, ich will mit einem solchen elenden Buben nichts mehr zu thun haben. — Endlich sagte ich: — und ich mit Ihnen auch nichts mehr. — Also geh er! — Und ich im Weggehen: — Es soll auch dabey bleiben; morgen werden Sie es schriftlich bekommen. — Sagen Sie mir also, bester Vater, ob ich das nicht eher zu spät, als zu frühe gesagt habe? — Nun hören Sie: Meine Ehre ist mir über alles und ich weiß, daß es Ihnen auch so ist. —

Sorgen Sie sich gar nichts um mich. — Ich bin meiner Sachen hier so gewiß, daß ich ohne mindester Ursache quittiert hätte. — Da ich nun Ursache dazu gehabt habe und das 3 mal, — so habe ich gar keinen Verdienst mehr dabey; au contraire ich war zweymal Hundsfut, — das drittemal konnte ich es halt doch nicht mehr seyn. —

So lang der Erzbischof noch hier seyn wird, werde ich keine academie geben. Daß Sie glauben, daß ich mich bey der Noblesse und dem Kayser selbst in übeln Credit setzen werde, ist grundfalsch. Der Erzbischof ist hier gehaßt und vom Kayser am meisten. Das ist eben sein Zorn, daß ihn der Kayser nicht nach Laxenburg eingeladen hat. Ich werde Ihnen mit künftigem Postwagen etwas weniges von Geld überschicken, um Sie zu überweisen, daß ich hier nicht darbe. Übrigens bitte ich Sie, munter zu seyn, — denn itzt fängt mein Glück an und ich hoffe, daß mein Glück auch das Ihrige seyn wird. Schreiben Sie mir heimlich, daß Sie vergnügt darüber sind und das können Sie in der That seyn — und öffentlich aber zanken Sie mich recht darüber, damit man Ihnen keine Schuld geben kann. Sollte Ihnen aber der Erzbischof ungeachtet dessen die mindeste Impertinenz thun, so kommen Sie alsogleich mit meiner Schwester zu mir nach Wien. Wir können alle 3 leben, das versichere ich Sie auf meine Ehre. Doch es ist mir lieber, wenn Sie ein Jahr noch aushalten können. Schreiben Sie mir keinen Brief mehr ins teutsche Haus, und mit dem Paquet — ich will nichts mehr von Salzburg wissen, — ich hasse den Erzbischof bis zur Raserey. Adieu — ich küsse Ihnen 1000mal die Hände, und meine liebe Schwester umarme ich von Herzen und bin ewig Dero gehors. Sohn

W. A. Mozart

Schreiben Sie nur:
abzugeben auf dem
Peter im Aug-Gottes
im 2^t Stock.

Geben Sie mir Ihr Vergnügen
bald zu erkennen, denn nur
dieses fehlt mir noch zu
meinen itzigen Glück. Adieu.

Der Komponist plaudert aus der Schule

Vienne ce 26 de Septembre 1781

Mon très cher Père!

Verzeihen Sie mir, daß ich Ihnen letzthin mehr Briefporto bezahlen gemacht! — Allein, ich hatte eben nichts Nothwendiges zu schreiben und glaubte Ihnen Vergnügen zu machen, wenn ich Ihnen so eine kleine Idee von der Oper*) geben würde.

Die Oper hatte mit einem Monolog angefangen und da bat ich H. Stephanie, eine kleine Ariette daraus zu machen und daß, anstatt nach dem Liedchen des Osmin die zwey zusammen schwätzen, ein Duo daraus würde. Da wir die Rolle des Osmin H. Fischer zugedacht, welcher eine gewiß vortreffliche Baßstimme hat, (ohngeacht der Erzbischof zu mir gesagt, er singe zu tief für einen Bassisten, und ich ihm aber betheuert, er würde mit nächstem höher singen —) so muß man so einen Mann nutzen, besonders da er das hiesige Publikum ganz für sich hat. Dieser Osmin hat aber im Originalbüchel das einzige Liedchen zum Singen und sonst nichts, außer dem Terzett und Finale. Dieser hat also im ersten Akt eine Aria bekommen und wird auch im 2ten noch eine haben. — Die Aria habe ich dem H. Stephanie ganz angegeben und die Hauptsache der Musik war schon fertig, ehe Stephanie ein Wort davon wußte. — Sie haben nur den Anfang davon und das Ende, welches von guter Wirkung seyn muß. Der Zorn des Osmin wird dadurch in das Komische gebracht, weil die türkische Musik**) dabey angebracht ist. In der Ausführung der Aria habe ich seine schönen tiefen Töne (trotz dem Salzburger Midas) schimmern lassen. Das „Drum beym Barte des Propheten" ist zwar im nämlichen Tempo, aber mit geschwinden Noten

---

*) Es handelt sich um „Die Entführung aus dem Serail".
**) Gemeint ist die Verwendung von Pikkolo, Triangel, Becken, großer Trommel.

und, da sein Zorn immer wächst, so muß, da man glaubt, die Aria seye schon zu Ende, — das Allegro assai, — ganz in einem andern Zeitmaß und in einem andern Ton, — eben den besten Effect machen. Denn so ein Mensch, der sich in einem so heftigen Zorn befindet, überschreitet alle Ordnung, Maß und Ziel, er kennt sich nicht, — so muß sich auch die Musik nicht mehr kennen. Weil aber die Leidenschaften heftig oder nicht, niemal bis zum Ekel ausgedrückt seyn müssen und die Musik, auch in der schaudervollsten Lage, das Ohr niemalen beleidigen, sondern doch dabey vergnügen muß, folglich allzeit Musik bleiben muß, so habe ich keinen fremden Ton zum f, (zum Ton der Aria), sondern einen befreundeten dazu, aber nicht den nächsten, D-minor*), sondern den weitern, A-minor*), gewählt. — Nun die Aria von Belmonte in A-dur. — „O wie ängstlich, o wie feurig", wissen Sie, wie es ausgedrückt ist? Auch ist das klopfende, liebvolle Herz schon angezeigt, — die 2 Violinen in Oktaven. Dies ist die Favorit-Aria von allen, die sie gehört haben, — auch von mir — und ist ganz für die Stimme des Adamberger geschrieben. Man sieht das Zittern, — Wanken, — man sieht, wie sich die schwellende Brust hebt, — welches durch ein Crescendo exprimiert ist, — man hört das Lispeln und Seufzen, — welches durch die ersten Violinen mit Sordinen und einer Flaute mit in Unisono ausgedrückt ist.

Der Janitscharen-Chor ist für einen Janitscharen-Chor alles, was man verlangen kann, — kurz und

---

*) D-, bzw. A-moll.

lustig und ganz für die Wiener geschrieben. — Die
Aria der Konstanze habe ich ein wenig der geläufi-
gen Gurgel der Mad^{elle} Cavalieri aufgeopfert. —
„Trennung war mein banges Loos und nun schwimmt
mein Aug in Tränen" — habe ich, so viel es eine
wälsche Bravour-Aria zuläßt, auszudrücken gesucht.
— Das *hui* habe ich in *schnell* verändert, also: „Doch
wie schnell schwand meine Freude", etc. Ich weiß
nicht, was sich unsere teutschen Dichter denken. —
Wenn sie schon das Theater nicht verstehen, was die
Opern anbelangt, so sollen sie doch wenigstens die
Leute nicht reden lassen, als wenn Schweine vor ihnen
stünden. — Hui, Sau. —

Nun das Terzett, nämlich der Schluß vom ersten
Akt. Pedrillo hat seinen Herrn für einen Baumeister
ausgegeben, damit er Gelegenheit hat, mit seiner Konstanze im Garten zusamm zu kommen. Der Bassa
hat ihn in Diensten genommen. Osmin als Aufseher,
und der darum nichts weiß, ist ein grober Flegel und
Erzfeind von allen Fremden, impertinent und will
sie nicht in den Garten lassen. Das erste was angezeigt, ist sehr kurz und weil der Text dazu Anlaß
gegeben, so habe ich es so ziemlich gut 3stimmig geschrieben. Dann fängt aber gleich das major*) pia-
nissimo an, welches sehr geschwind gehen muß, und
der Schluß wird recht viel Lärm machen und das ist
ja alles, was zu einem Schluß von einem Akt gehört. — Je mehr Lärmen, je besser, — je kürzer, je
besser, — damit die Leute zum Klatschen nicht kalt
werden. —

---

*) Dur.

Von der Ouverture haben Sie nichts als 14 Takte. Die ist ganz kurz, wechselt immer mit forte und piano ab, wobey beym forte allzeit die türkische Musik einfällt. — Moduliert so durch die Töne fort und ich glaube, man wird dabey nicht schlafen können und sollte man eine ganze Nacht durch nicht geschlafen haben. — Nun sitze ich wie der Has im Pfeffer! Über 3 Wochen ist schon der erste Akt fertig; eine Aria im 2ten Akt und das Saufduett (per li sig^{ri} vienesi*), welches in nichts als meinem türkischen Zapfenstreich besteht, ist schon fertig. Mehr kann ich aber nicht davon machen, weil itzt die ganze Geschichte umgestürzt wird und zwar auf mein Verlangen. — Zu Anfang des dritten Aktes ist ein scharmantes Quintett oder vielmehr Finale, diese möchte ich aber lieber zum Schluß des 2. Akts haben. Um das bewerkstelligen zu können, muß eine große Veränderung, ja eine ganz neue Intrigue vorgenommen werden und Stephanie hat über Hals und Kopf Arbeit. Da muß man halt ein wenig Geduld haben. Alles schmollt über den Stephanie. Es kann seyn, daß er auch mit mir nur ins Gesicht so freundschaftlich ist, aber er arrangiert mir halt doch das Buch — und zwar so, wie ich es will, — auf ein Haar, und mehr verlange ich bey Gott nicht von ihm. — Nun, das ist ein Geschwätz von der Opera. Aber es mußte doch auch seyn. Ich bitte Sie, schicken Sie mir den Marsch, den ich letzthin angezeigt habe. — Gilofsky sagt, der Daubrawaik wird bald kommen. Die Frl. v. Aurnhammer und ich erwarten die

---

*) Für die Herren Wiener.

2 Doppelkonzert mit Sehnsucht! Ich hoffe, wir werden nicht so fruchtlos darauf warten, wie die Juden auf den Messias. — Nun Adieu! — Leben Sie recht wohl. Ich küsse Ihnen 1000 mal die Hände und meine liebe Schwester (mit deren Gesundheit, wie ich hoffe, es besser stehen wird) umarme ich von Herzen und bin ewig Dero gehorsamster Sohn

W. A. Mozart

„Wer ist der Gegenstand meiner Liebe?"

Vienne ce 15de Dec^{bre} 1781.

Mon très cher Père!

Diesen Augenblick erhalte ich Ihr Schreiben vom 12ten. Durch Hr. v. Daubrawaick werden Sie diesen Brief, die Uhr, die Münchner Opera, die 6 gestochenen Sonaten, die Sonate auf 2 Klaviere, und die Cadenzen erhalten. — Wegen der Prinzessin von Württenberg und mir ist es schon vorbey; der Kayser hat es mir verdorben, denn bey ihm ist nichts als Salieri. Der Erzherzog Maximilian hat ihr mich angetragen; sie hat ihm geantwortet: Wenn es auf sie angekommen wäre, so hätte sie nie keinen andern genommen. Aber der Kayser hätte ihr den Salieri angetragen; wegen dem Singen. Es wäre ihr recht leid. Wegen dem, was Sie vom Württenbergischen Hause und Ihnen geschrieben haben, ist nicht ohnmöglich, daß es mir vielleicht dienen könnte. —

Liebster Vater! Sie fordern von mir die Erklärung der Worte, die ich zu Ende meines letzten Briefes hingeschrieben habe! — O wie gerne hätte ich Ihnen nicht längst mein Herz eröffnet; aber der Vorwurf, welchen Sie mir hätten machen können, auf so was zur Unzeit zu denken, hielte mich davon ab, — obwohlen denken niemalen zur Unzeit seyn kann. Mein Bestreben ist unterdessen, etwas wenig Gewisses hier zu haben, dann läßt es sich mit der Hülfe des Unsichern ganz gut hier leben; — und dann, — zu heyrathen! — Sie erschröcken vor diesen Gedanken? — Ich bitte Sie aber, liebster, bester Vater, hören Sie mich an! — Ich habe Ihnen mein Anliegen entdecken müssen, nun erlauben Sie auch, daß ich Ihnen meine Ursachen und zwar sehr gegründete Ursachen entdecke. Die Natur spricht in mir so laut, wie in jedem andern, und vielleicht lauter als in manchem großen, starken Lümmel. Ich kann ohnmöglich so leben, wie die meisten dermaligen jungen Leute. — Erstens habe ich zu viel Religion, zweytens zu viel Liebe des Nächsten und zu ehrliche Gesinnungen, als daß ich ein unschuldiges Mädchen anführen könnte, und drittens zu viel Grauen und Ekel, Scheu und Forcht vor die Krankheiten und zu viel Liebe zu meiner Gesundheit, als daß ich mit Huren herumbalgen könnte. Dahero kann ich auch schwören, daß ich noch mit keiner Frauens-Person auf diese Art etwas zu thun gehabt habe. Denn wenn es geschehen wäre, so würde ich es Ihnen auch nicht verhehlen, denn, fehlen ist doch immer dem Menschen natürlich genug und einmal fehlen wäre auch nur bloße Schwachheit. Obwohlen ich mir nicht zu versprechen getrauete, daß ich es bey einmal fehlen bewenden lassen würde, wenn ich in diesem Punkt ein einzigesmal fehlete. Darauf aber kann ich leben und sterben. Ich weiß wohl, daß diese Ursache (so stark sie immer ist), doch nicht erheblich genug dazu ist, mein Temperament aber, welches mehr zum ruhigen und häuslichen Leben als zum Lärmen geneigt ist. Ich, der von Jugend auf niemalen gewohnt war, auf meine Sachen, was Wäsche, Kleidung und E. anbelangt, acht zu haben, kann mir nichts Nöthigeres denken als eine Frau. — Ich versichere Sie, was ich nicht Unnützes öfters ausgebe, weil ich auf nichts acht habe. Ich bin ganz überzeugt, daß ich mit einer Frau (mit dem nämlichen Einkommen, das ich allein habe) besser auskommen werde als so. Und wie viele unnütze Ausgaben fallen nicht weg? — Man bekommt wieder andere dafür, das ist wahr, allein — man weiß sie, kann sich darauf richten und mit einem Worte, man führt ein ordentliches Leben. Ein lediger Mensch lebt in meinen Augen nur halb. Ich hab halt solche Augen, ich kann nicht dafür. Ich hab es genug überlegt und bedacht, ich muß doch immer so denken. Nun aber wer ist der Gegenstand meiner Liebe? — Erschröcken Sie auch da nicht, ich bitte Sie. — Doch nicht eine Weberische? — Ja eine Weberische, — aber nicht Josepha, nicht Sophie, — sondern Konstanza, die Mittelste. — Ich habe in keiner Familie solche Ungleichheit der Gemüther angetroffen wie in dieser. — Die Älteste ist eine faule, grobe, falsche Person, die es dick hinter den Ohren hat. — Die Langin ist eine falsche, schlechtdenkende Person und eine Coquette. — Die Jüngste ist noch zu jung, um etwas seyn zu können, ist nichts als ein gutes, aber leichtsinniges Geschöpf! Gott möge sie vor Verführung bewahren. — Die Mittelste aber, nämlich meine gute, liebe Konstanza ist — die Marterin darunter und eben deswegen vielleicht die gutherzigste, geschickteste und mit einem Worte, die beste darunter. — Die nimmt sich um alles im Hause an und kann doch nichts recht thun. O mein bester Vater, ich könnte ganze Bögen voll schreiben, wenn ich Ihnen all die Auftritte beschreiben sollte, die mit uns beyden in diesem Hause vorgegangen sind. Wenn Sie es aber verlangen, werde ich es im nächsten Briefe thun. Bevor ich Ihnen von meinem Gewäsche frey mache, muß ich Ihnen doch noch näher mit dem Charakter meiner liebsten Konstanza bekannt machen. — Sie ist nicht häßlich, aber auch nichts weniger als schön. Ihre ganze Schönheit besteht in zwey kleinen schwarzen Augen und in einem schönen Wachsthum. Sie hat keinen Witz, aber gesunden Menschenverstand genug, um ihre Pflichten als eine Frau und Mutter erfüllen zu können. Sie ist nicht zum Aufwand geneigt, das ist grundfalsch. Im Gegentheil ist sie gewohnt, schlecht gekleidet zu seyn, denn das wenige, was die Mutter ihren Kindern hat thun können, hat sie den zwey andern gethan, ihr aber niemalen. — Das ist wahr, daß sie gern nett und reinlich, aber nicht propre gekleidet wäre. Und das meiste, was ein Frauenzimmer braucht, kann sie sich selbst machen und sie frisiert sich auch alle Tage selbst. Versteht die Hauswirthschaft, hat das beste Herz von der Welt, — ich liebe sie und sie liebt mich von Herzen! — Sagen Sie mir, ob ich mir eine bessere Frau wünschen könnte? —

Das muß ich Ihnen noch sagen, daß damals, als ich quittierte, die Liebe noch nicht war, sondern erst durch ihren zärtliche Sorge und Bedienung (als ich im Hause wohnte) geboren wurde. —

Ich wünsche also nichts mehr, als daß ich nur etwas weniges Sichere bekomme, (wozu ich auch, Gottlob, wirklich Hoffnung habe), so werde ich nicht nachlassen, Sie zu bitten, daß ich diese Arme er-retten — und mich zugleich mit ihr — und ich darf auch sagen, uns alle glücklich machen darf. Sie sind es ja doch auch, wenn ich es bin? Und die Hälfte von dem Sichern, was ich bekommen werde, sollen Sie genießen. Mein liebster Vater! — Nun habe ich Ihnen mein Herz eröffnet und Ihnen meine Worte erkläret. — Nun bitte ich Sie, mir auch die Ihrigen von Ihrem letzten Brief zu erklären. Du wirst nicht glauben, daß ich einen Antrag, der Dir gemacht worden und darauf Du damals, als ichs erfuhr, nichts geantwortet, wissen könnte. — Da verstehe ich kein Wort davon; ich weiß von keinem Antrag. — Nun, haben Sie Mitleiden mit Ihrem Sohne! Ich küsse Ihnen 1000mal die Hände und bin ewig

dero gehorsamster Sohn
W. A. Mozart

Über die Trauung mit Konstanze v. Weber

Vienne ce 7 d'août 1782

Mon très cher Père!

Sie haben sich sehr an Ihrem Sohne betrogen, wenn Sie glauben konnten, daß er im Stande seye, eine schlechte Handlung zu begehen.

Meine liebe Konstanze, nunmehr (Gott sey Dank) meine wirkliche Frau, wußte meine Umstände und alles, was ich von Ihnen zu erwarten habe, schon lange von mir. — Ihre Freundschaft aber und Liebe zu mir war so groß, daß sie gerne — mit größten Freuden ihr ganzes künftiges Leben meinem Schicksale aufopferte. — Ich küsse Ihnen die Hände und danke Ihnen mit aller Zärtlichkeit, die immer ein Sohn für seinen Vater fühlte, für die mir gütigst zugetheilte Einwilligung und väterlichen Segen. — Ich konnte mich aber auch gänzlich darauf verlassen! — Denn Sie wissen, daß ich selbst alles, — alles was nur immer gegen solch einen Schritt einzuwenden ist, nur zu gut einsehen mußte. — Und aber auch, daß ich, ohne mein Gewissen und meine Ehre zu verletzen, nicht anders handeln konnte. Mithin konnte ich auch ganz gewiß darauf bauen! — Dahero geschahe es auch, daß, da ich 2 Posttäge umsonst auf eine Antwort wartete, und die Copulation schon auf den Tag, (wo ich schon alles sicher wissen mußte) festgesetzt war, ich — Ihrer Einwilligung schon ganz versichert und getröstet, mich in Gottes Namen mit meiner Geliebten trauen ließ. Den andern Tag be-

kam ich die 2 Briefe zugleich. — Nun ist es vorbey!
— Ich bitte Sie nun nur um mein zu voreiliges Vertrauen auf Ihre väterliche Liebe um Verzeihung. —
Durch dieses mein aufrichtiges Geständnis haben Sie
einen neuen Beweis meiner Liebe zur Wahrheit und
Abscheu zur Lüge. — Mein liebes Weib wird nächsten Posttage ihren liebsten, besten Schwiegerpapa
um seinen väterlichen Segen, und ihre geliebte Schwägerin um die fernere Fortdauer ihrer werthesten
Freundschaft bitten. — Bey der Copulation war kein
Mensch als die Mutter und die jüngste Schwester. —
H. von Thorwart als Vormund und Beystand von
beyden; — H. von Zetto, (Landrath) Beystand der
Braut. Und der Gilofsky als mein Beystand. Als wir
zusamm verbunden wurden, fing so wohl meine Frau
als ich an zu weinen; — davon wurden alle, sogar
der Priester, gerührt. — Und alle weinten, da sie
Zeuge unserer gerührten Herzen waren. — Unser
ganzes Hochzeitsfestin bestund aus einem Soupée,
welches uns die Frau Baronin v. Waldstädten gab,
welches in der That mehr fürstlich als baronisch
war. Nun freuet sich meine liebe Konstanze noch
hundertmal mehr, nach Salzburg zu reisen! — Und
ich wette — ich wette —, Sie werden sich meines
Glückes erfreuen, wenn Sie sie werden kennen gelernt
haben! — Wenn anders in Ihren Augen so wie in
den meinigen, ein gutdenkendes, rechtschaffenes,
tugendhaftes und gefälliges Weib ein Glück für ihren
Mann ist. —

Hier schicke ich Ihnen einen kurzen Marsch! —
Wünsche nur, daß noch alles zur rechten Zeit kommen möchte — und nach Ihrem Geschmack seye. —

Das Erste Allegro muß recht feurig gehen. — Das letzte — so geschwind, als es möglich ist. — Meine Oper*) ist gestern wieder (und zwar auf Begehren des Glucks), gegeben worden. — Gluck hat mir viele Complimente darüber gemacht. Morgen speise ich bey ihm. — Sie sehen, wie ich eilen muß. Meine liebe Frau und ich küssen Ihnen 1000mal die Hände, und wir beyde umarmen unsere liebe Schwester von Herzen und bin ewig dero

gehorst. Sohn
W. A. Mozart

7t, August 1782

Junges Eheglück

Vienne, im Prater ce 3 de may 1783

Mon très cher Père!

Ich kann mich ohnmöglich entschließen, so frühe in die Stadt hineinzufahren. — Das Wetter ist gar zu schön — und im Prater ist es heute gar zu angenehm. — Wir haben heraus gespeist und bleiben also noch bis abends acht oder neun Uhr. — Meine ganze Gesellschaft besteht in meinem schwangern Weiberl — und ihre — in ihrem nicht schwangern, aber fetten, gesunden Mannerl. — Ich bin gleich zum Hr. Peisser und habe mir die Adresse an Banquier Schefler geben lassen. Bin auch gleich zu dem benannten Banquier. Sie wissen aber gar nichts von einem

---

*) „Die Entführung aus dem Serail".

Kaufmannssohn, der Rosa heißen und an sie adressiert seyn könnte. Ich habe ihnen zur Sicherheit meine Adresse dort gelassen. Nun werde ich sehen, was geschehn wird. — Wegen mehrere Schreiben und der variierten Arie müssen Sie schon heute Geduld haben — im Prater läßt sich das natürlicher Weise nicht thun — und das schöne Wetter kann ich wegen mein liebes Weiberl nicht verloren gehen lassen. — Commotion ist ihr gesund. — Ich habe Ihnen heute also nur im Wenigen geschrieben, daß wir beyde Gott Lob gesund sind, und Ihren letzten Brief richtig erhalten haben. Nun leben Sie recht wohl — wir küssen Ihnen 1000 mal die Hände und unsere liebe Schwester umarmen wir im Herzen und sind ewig dero

gehorsame Kinder
W. A. und C. Mozart

Hochzeitsgratulation
für Schwester Nannerl

Wien, 18. Aug. 1784.

Ma très chère soeur!

Potz Sapperment! — Itzt ist es Zeit, daß ich schreibe, wenn ich will, daß Dich mein Brief noch als eine Vestalin antreffen soll! — Ein paar Tage später, und — weg ist's! — Meine Frau und ich wünschen Dir alles Glück und Vergnügen zu Deiner Standesveränderung und bedauern nur von Herzen, daß wir nicht so glücklich seyn können, bey Deiner Vermählung gegenwärtig zu seyn; wir hoffen aber, Dich künftiges Frühjahr ganz gewiß in Salzburg sowohl als in St. Gilgen als Fr. von Sonnenburg samt Deinem H. Gemahl zu umarmen. Wir bedauern nun nichts mehrer als unsern lieben Vater, welcher nun so ganz allein leben soll! — Freylich bist Du nicht weit von ihm entfernt und er kann öfters zu Dir spazieren fahren. Allein itzt ist er wieder an das verfluchte Capellhaus gebunden! — Wenn ich aber an meines Vaters Stelle wäre, so würde ich es also machen: Ich bittete den Erzbischof nun, (als einen Mann, der schon so lange gedient hat) mich in meine Ruhe zu setzen, und nach erhaltener Pension ginge ich zu meiner Tochter nach St. Gilgen und lebte dort ruhig. — Wollte der Erzbischof meine Bitte nicht eingehen, so begehrte ich meine Entlassung und ging zu meinem Sohne nach Wien, und das ist's, was ich Dich hauptsächlich bitte, daß Du Dir Mühe geben möchtest, ihn dazu zu bereden; — und ich habe ihm heute in dem Briefe an ihn schon das nämliche geschrieben. Und nun schicke ich Dir noch 1000 gute Wünsche von Wien nach Salzburg, besonders daß Ihr beyde so gut zusammen leben möchtet, als — wir zwey. — Drum nimm von meinem poetischen Hirnkasten einen kleinen Rath an. Denn höre nur:

Du wirst im Ehstand viel erfahren,
was Dir ein halbes Räthsel war;
bald wirst Du aus Erfahrung wissen,
wie Eva einst hat handeln müssen,
daß sie hernach den Kain gebar.

Doch, Schwester, diese Ehstandspflichten
wirst Du von Herzen gern verrichten,
denn glaube mir, sie sind nicht schwer.
Doch jede Sache hat zwo Seiten:
Der Ehstand bringt zwar viele Freuden,
allein auch Kummer bringet er.
Drum wenn Dein Mann Dir finstre Mienen,
die Du nicht glaubest zu verdienen,
in seiner üblen Laune macht:
So denke, das ist Männergrille,
und sag: Herr, es gescheh dein Wille,
bei Tag — und meiner in der Nacht.

Dein aufrichtiger Bruder
W. A. Mozart

Zu brennenden künstlerischen Tagesfragen.

(An Professor Anton Klein in Mannheim)

Hoch Schätzbarester Herr geheimer Rath! —
Ich habe sehr gefehlt, ich muß es bekennen, daß
ich Ihnen nicht gleich den richtigen Empfang Ihres
Briefes und mitgeschickten Paquets gemeldet habe; —
daß ich in der Zwischenzeit 2 Briefe von Ihnen noch
sollte erhalten haben, — ist nicht deme also. Ich
würde auf den ersten sogleich aus dem Schlafe ge-
wecket worden seyn und Ihnen geantwortet haben,
wie es itzt thue. — Ich bekam Ihre 2 Briefe letzten

Posttage miteinander. — Ich habe schon selbst be-
kennt, daß ich hierinnen gefehlt habe, daß ich Ihnen
nicht gleich geantwortet habe. Was aber die Oper an-
belanget, würde ich Ihnen damals eben so wenig darüber schreiben haben können, als itzt. — Lieber Hr.
gehr. Rath! — Ich habe die Hände so voll zu thun,
daß ich fast keine Minute finde, die ich für mich
anwenden könnte. — Als ein Mann von so großer
Einsicht und Erfahrung wissen Sie selbst besser als
ich, daß man so was mit aller möglichen Aufmerk-
samkeit und Überlegung, — nicht einmal, — sondern
vielmal überlesen muß. — Bishero hatte noch nicht
Zeit, es einmal — ohne Unterbrechung zu lesen. —
Alles, was ich dermalen sagen kann, ist, daß — ich
es noch nicht aus Händen geben möchte. — Ich bitte
Sie also, mir dies Stück noch auf einige Zeit anzu-
vertrauen. — Im Falle es mir Lust machen sollte, es
in Musik zu setzen, so wünschte doch vorher zu
wissen, ob es eigentlich an einem Orte zur Aufführung bestimmt seye? — Denn so ein Werk verdiente,
sowohl von seiten der Poesie als Musik nicht umsonst gemacht zu seyn. — Ich hoffe mir über diesen
Punkt eine Erläuterung von Ihnen. — Nachrichten,
die zukünftige teutsche Singbühne betreffend, kann
ich Ihnen noch dermalen keine geben, da es dermalen noch (das Bauen in dem dazu bestimmten
Kärtnerthortheater ausgenommen) sehr stille hergehet.
— Sie soll mit anfangs Oktober eröffnet werden.
Ich, meinestheils, verspreche ihr nicht viel Glück. —
Nach den bereits gemachten Anstalten sucht man in
der That mehr die bereits vielleicht nur auf einige
Zeit gefallene teutsche Oper, gänzlich zu stürzen, —

als ihr wieder emporzuhelfen, — und sie zu erhalten. — Meine Schwägerin Lange nur allein darf zum teutschen Singspiele. — Die Cavallieri, Adamberger, die Teyber, lauter Teutsche, worauf Teutschland stolz seyn darf, müssen beym welschen Theater bleiben, — müssen gegen ihre eigenen Landsleute kämpfen! — — Die teutschen Sänger und Sängerinnen dermalen sind leicht zu zählen! — Und sollte es auch wirklich so gute als die benannten, ja auch noch bessere geben, daran ich doch sehr zweifle, so scheint mir die hiesige Theater-Direktion zu oeconomisch und zu wenig patriotisch zu denken, um mit schwerem Geld Fremde kommen zu lassen, die sie hier im Orte besser, — wenigstens gleich gut — und umsonst hat. — Denn die welsche Trupp braucht ihrer nicht, — was die Anzahl betrifft; sie kann für sich alleine spielen. — Die Idee dermalen ist, sich bey der teutschen Oper mit acteurs und actricen zu behelfen, die nur zur Noth singen. — Zum größten Unglück sind die directeurs des Theaters, sowohl als des Orchesters beybehalten worden, welche sowohl durch ihre Unwissenheit als Unthätigkeit das meiste dazu beygetragen haben, ihr eigenes Werk fallen zu machen. Wäre nur ein einziger Patriot mit am Brette, — es sollte ein anders Gesicht bekommen! — Doch da würde vielleicht das so schön aufkeimende National-Theater zur Blüthe gedeihen, und das wäre ja ein ewiger Schandfleck für Teutschland, wenn wir Teutsche einmal mit Ernst anfingen teutsch zu denken, — teutsch zu handeln, — teutsch zu reden, und gar teutsch — zu singen!!!! —

Nehmen Sie nur nicht übel, mein bester Hr. geh.

Rath, wenn ich in meinem Eifer vielleicht zu weit gegangen bin! — Gänzlich überzeugt, mit einem teutschen Manne zu reden, ließ ich meiner Zunge freyen Lauf, welches dermalen leider so selten geschehen darf, daß man sich nach solch einer Herzensergießung kecklich einen Rausch trinken dörfte, ohne Gefahr zu laufen, seine Gesundheit zu verderben. —
Ich verharre mit vollkommenster Achtung

Schätzbarster Hr. geheimer Rath
dero gehorsamster Diener
W. A. Mozart

Wien, den 21. März 1785.

„Figaro und ewig Figaro"

(An Gottfried Freiherrn von Jacquin in Wien)

Prag den 15. Jänner 1787

Liebster Freund!

Endlich finde ich einen Augenblick, an Sie schreiben zu können. Ich nahm mir vor, gleich bey meiner Ankunft vier Briefe nach Wien zu schreiben, aber umsonst! — Nur einen einzigen (an meine Schwiegermutter) konnte ich zusammenbringen und diesen nur zur Hälfte. Meine Frau und Hofer mußten ihn vollenden. Gleich bey unserer Ankunft (Donnerstag, den 11ten um 12 Uhr zu Mittag) hatten wir über Hals und Kopf zu thun, um bis 1 Uhr zur Tafel fertig zu werden. Nach Tisch regalierte uns der alte H. Graf Thun mit einer Musik, welche von seinen eigenen Leuten aufgeführt wurde und gegen anderthalb Stunden dauerte. — Diese wahre Unterhaltung kann ich täglich genießen. — Um 6 Uhr fuhr ich mit Grafen Conac auf den sogenannten Breitfeldischen Ball, wo sich der Kern der Prager Schönheiten zu versammeln pflegt. Das wäre so was für Sie gewesen, mein Freund! Ich meyne, ich sehe Sie all den Schönen Mädchens und Weibern nach — — laufen, glauben Sie? — Nein, nachhinken! — Ich tanzte nicht und löffelte nicht. — Das erste, weil ich zu müde war, das letztere aus meiner angeborenen Blöde. Ich sah aber mit ganzem Vergnügen zu, wie alle diese Leute auf die Musik meines Figaro, in lauter Contretänze und Teutsche verwandelt, so innig vergnügt herumsprangen; denn hier wird von nichts gesprochen als von — Figaro; nichts gespielt, geblasen, gesungen und gepfiffen als — Figaro. Keine Oper besucht als — Figaro und ewig Figaro. Gewiß große Ehre für mich. Nun wieder auf meine Tagordnung zu kommen. Da ich spät vom Ball nach Hause gekommen und ohnehin von der Reise müde und schläfrig war, so ist nichts natürlicher auf der Welt, als daß ich sehr lange werde geschlafen haben. Und gerade so war es. Folglich war der andere ganze Morgen wieder sine linea. Nach Tisch darf die hochgräfliche Musik nie vergessen werden. Und da ich eben an diesem Tage ein ganz gutes Pianoforte in mein Zimmer bekommen habe, so können Sie sich leicht vorstellen, daß ich es den Abend nicht so unbenützt und ungespielt werde gelassen haben. Es gibt sich ja von selbst, daß wir ein kleines Quatuor in Caritatis camera (und das schöne Bandel hammer a*) unter uns gemacht haben und auf diese Art der ganze Abend abermal sine linea wird verloren gegangen seyn. Und gerade so war es. — Nun zanken Sie sich meinetwegen mit Morpheus. Dieser Lapas ist uns beyden in Prag sehr günstig. Was die Ursache davon seyn mag, das weiß ich nicht; genug, wir verschliefen uns sehr artig. Doch waren wir imstande schon um 11 Uhr uns beym Pater Unger einzufinden, und die k. k. Bibliothek und das allgemeine geistliche Seminarium in hohen niedern Augenschein zu nehmen. Nachdem wir uns die Augen fast aus dem Kopf geschauet hatten, glaubten wir in unserm Innersten eine kleine Magen-Arie zu hören. Wir fanden also für gut, zum Grafen Canal zur Tafel zu fahren. Der Abend überraschte uns geschwinder, als Sie vielleicht glauben. Genug, es war Zeit zur Opera. Wir hörten also „Le gare generose". Was die Aufführung dieser Oper**) betrifft, so kann ich nichts Entscheidendes sagen, weil ich viel geschwätzt habe; warum ich aber wider meine Gewohnheit geschwätzt habe, darin möchte es wohl liegen. — Basta. Dieser Abend war wieder al solito verschleudert. — Heute endlich war ich so glücklich, einen Augenblick zu finden, um mich um das Wohlseyn Ihrer lieben Eltern und des ganzen Jacquinschen Hauses erkundigen zu können. Ich hoffe und wünsche von Herzen, daß Sie sich alle so wohl befinden mögen, als wir beyde uns befinden. Ich muß

---

*) Anspielung auf Mozarts „Bandelterzett"
**) Von Giov. Batt. Paisiello.

Ihnen aufrichtig gestehen, daß (obwohl ich hier alle möglichen Höflichkeiten und Ehren genieße und Prag in der That ein sehr schöner und angenehmer Ort ist) ich mich doch recht sehr wieder nach Wien sehne. Und glauben Sie mir, der Hauptgegenstand davon ist ganz gewiß Ihr Haus. Wenn ich bedenke, daß ich nach meiner Zurückkunft nur eine kurze Zeit noch das Vergnügen genießen kann, in Ihrer werten Gesellschaft zu seyn und dann auf so lange — und vielleicht auf immer dieses Vergnügen werde entbehren müssen, — dann fühle ich erst ganz die Freundschaft und Achtung, welche ich gegen Ihr ganzes Haus hege. Nun leben Sie wohl, liebster Freund, liebster Hikkiti Horky! — Das ist Ihr Name, daß Sie es wissen; wir haben uns allen auf unserer Reise Namen erfunden, hier folgen sie: *Ich* Punki-tititi — *meine Frau* Schabla Pumfa. *Hofer* Rozka Pumpa. *Stadler* Notschibikitschibi. *Joseph, mein Bedienter* Sagadarata. *Der Goukerl, mein Hund* Schomanntzky. *Die Mad*me *Quallenberg* Runzifunzi. *Mad*sell *Crux* Ps. *Der Ramlo* Schurimuri. *Der Freystädtler* Goulimauli. Haben Sie die Güte, letztern seinen Namen zu communicieren. — Nun adieu. Künftigen Freytag den 19ten wird meine Acamedie im Theater seyn, ich werde vermutlich eine zwote geben müssen; das wird meinen Aufenthalt hier leider verlängern. Ich bitte, Ihren würdigen Eltern meinen Respect zu melden und Ihren H. Brudern (welchen man allenfalls Blatterrizzi nennen könnte) für mich 1000-mal zu embrassieren. Ihrer Frl. Schwester (der Sigra Dini mini niri) küsse ich 100 000 mal die Hände mit der Bitte, auf Ihrem neuen Pianoforte recht fleißig zu seyn. Doch diese Ermahnung ist unnütz, denn ich muß bekennen, daß ich noch nie eine Schülerin gehabt, welche so fleißig und so viel Eifer gezeigt hätte, wie eben sie und in der That, ich freue mich recht sehr wieder darauf, ihr nach meiner geringen Fähigkeit weiter Unterricht zu geben. — Apropos, wenn sie morgen kommen will — ich bin um 11 Uhr gewiß zu Hause. Nun aber wäre es doch Zeit zu schlüssen? — Nicht wahr? — Schon längst werden Sie sich das denken, leben Sie wohl, mein Bester! Erhalten Sie mich in Ihrer werthen Freundschaft — schreiben Sie mir bald, — aber bald — und sollten Sie vielleicht zu träge dazu seyn, so lassen Sie den Satman kommen und diktieren Sie ihm den Brief an; doch es geht nie so vom Herzen, wenn man nicht selbst schreibt. Nun — ich will sehen, ob Sie so mein Freund sind, wie ich so ganz der Ihrige bin und ewig seyn werde.   Mozart

P. S. auf den Brief, so Sie mir vielleicht schreiben werden, setzen Sie: im Graf Thunischen Palais.

Meine Frau empfehlt sich bestens dem ganzen Jacquinschen Hause, wie auch Hr. Hofer.

ps. Mittwoch werde ich hier den Figaro sehen und hören, — wenn ich nicht bis dahin taub und blind werde. — Vielleicht werde ich es erst nach der Opera. — —

Trostesworte
für den schwer erkrankten Vater

Mon très cher Père!

... Diesen Augenblick höre ich eine Nachricht, die mich sehr niederschlägt — um so mehr, als ich aus

Ihrem Letzten vermuthen konnte, daß Sie sich Gott
Lob recht wohl befinden. — Nun höre aber, daß Sie
wirklich krank seyen! — Wie sehnlich ich einer trö-
stenden Nachricht von Ihnen selbst entgegen sehe,
brauche ich Ihnen doch wohl nicht zu sagen. — Und
ich hoffe es auch gewiß, — obwohlen ich es mir zur
Gewohnheit gemacht habe, mir immer in allen Din-
gen das Schlimmste vorzustellen. — Da der Tod (genau zu nehmen) der wahre Endzweck unseres Lebens ist, so habe ich mich seit ein paar Jahren mit
diesem wahren, besten Freunde des Menschen so bekannt gemacht, daß sein Bild nicht allein nichts
Schreckendes mehr für mich hat, sondern recht viel
Beruhigendes und Tröstendes! — Und ich danke
meinem Gott, daß er mir das Glück gegönnt hat,
mir die Gelegenheit (Sie verstehen mich) zu verschaffen, ihn als den Schlüssel zu unserer wahren Glück-
seligkeit kennen zu lernen. — Ich lege mich nie zu
Bette, ohne zu bedenken, daß ich vielleicht, so jung
als ich bin, den andern Tag nicht mehr seyn werde.
— Und es wird doch kein Mensch von allen, die
mich kennen, sagen können, daß ich im Umgange
mürrisch oder traurig wäre. — Und für diese Glück-
seligkeit danke ich alle Tage meinem Schöpfer und
wünsche sie vom Herzen jedem meiner Mitmenschen.
— Ich habe Ihnen in dem Briefe (so die Storace ein-
gepackt hat), schon über diesen Punkt (bey Gelegenheit des trauerigen Todfalls meines liebsten besten
Freundes Grafen von Hatzfeld) meine Denkungsart
erkläret. — Er war eben 31 Jahre alt, wie ich. Ich
bedauere ihn nicht, — aber wohl herzlich mich und
alle die, welche ihn so genau kannten wie ich. —

Ich hoffe und wünsche, daß Sie sich, während ich dieses schreibe besser befinden werden; sollten Sie aber wider alles Vermuthen nicht besser seyn, so bitte ich Sie bey ... mir es nicht zu verhehlen, sondern mir die reine Wahrheit zu schreiben, oder schreiben zu lassen, damit ich so geschwind als es menschenmöglich ist, in Ihren Armen seyn kann; ich beschwöre Sie bey allem, was uns heilig ist. — Doch hoffe ich, bald einen trostreichen Brief von Ihnen zu erhalten, und in dieser angenehmen Hoffnung küsse ich Ihnen samt meinem Weibe und dem Carl 1000 mal die Hände, und bin ewig

Ihr gehorsamster Sohn
W. A. Mozart.

Wien, den 4t April 1787.*)

Nachruf für einen befreundeten Arzt

(Einer Stammbucheintragung Dr. Sigmund Barisanis nach dessen Tode angefügt)

Heute am 3. September dieses nämlichen Jahres war ich so unglücklich, diesen edlen Mann, liebsten, besten Freund und Erretter meines Lebens ganz unvermutet durch den Tod zu verlieren. — Ihm ist wohl! — Aber mir, — uns — und allen, die ihn genau kannten, — uns wird es nimmer wohl werden, — bis wir so glücklich sind, ihn in einer besseren Welt — wieder — und auf nimmer Scheiden — zu sehen.

Mozart.

---

*) Am 28. Mai 1787 starb Leopold Mozart.

Die Aufführung des „Don Giovanni" läßt auf sich warten

(An Gottfried Freiherrn von Jacquin in Wien)

Prag, den 15. Oct. 1787.

Liebster Freund!

Sie werden vermutlich glauben, daß nun meine Oper schon vorbey ist, doch da irren Sie sich ein bischen. Erstens ist das hiesige theatralische Personale nicht so geschickt wie das zu Wien, um eine solche Oper in so kurzer Zeit einzustudieren. Zweitens fand ich bei meiner Ankunft so wenige Vorkehrungen und Anstalten, daß es eine bloße Unmöglichkeit gewesen seyn würde, sie am 14ten, als gestern zu geben. Man gab also gestern bei ganz illuminiertem Theater meinen Figaro, den ich selbst dirigierte...

Don Giovanni ist nun auf den 24ten bestimmt. —

Den 21. — Er war auf den 24. bestimmt, aber eine Sängerin, die krank geworden, verursachet noch eine neue Verzögerung. Da die Truppe klein ist, so muß der Impressario immer in Sorgen leben und seine Leute so viel als möglich schonen, damit er nicht durch eine unvermuthete Unpäßlichkeit in die unter allen kritischen allerkritischeste Lage versetzt wird, gar kein Spektakel geben zu können! —

Deswegen geht hier alles in die lange Bank, weil die Recitierenden (aus Faulheit) an Operntägen nicht studieren wollen und der Entrepreneur (aus Forcht und Angst) sie nicht dazu anhalten will, aber was ist das? — ist es möglich? — was sehen meine Ohren, was hören meine Augen? Ein Brief von — — —?

Ich mag mir meine Augen fast wund wischen, — er ist — hol' mich der Teufel — Gott sey bei uns, — doch von Ihnen. In der That; wäre nicht der Winter vor der Thüre, ich würde den Ofen einschlagen.

Da ich ihn aber dermalen schon öfters brauche und in Zukunft noch mehr zu brauchen gedenke, so werden Sie mir erlauben, daß ich die Verwunderung in etwas mäßige und Ihnen nur in wenigen Worten sage, daß es mich außerordentlich freut, Nachrichten von Ihnen und Ihrem so werthen Hause zu erhalten. —

Den 25ten. — Heute ist der elfte Tag, daß ich an diesem Briefe kritzle. Sie sehen doch daraus, daß es an gutem Willen nicht fehlt. Wenn ich ein bischen Zeit finde, so male ich ein Stückchen wieder daran, aber lange kann ich halt nicht dabei bleiben, weil ich zu viel andern Leuten und zu wenig mir selbst angehöre. Daß dies nicht mein Lieblingsleben ist, brauche ich Ihnen schon wohl nicht erst zu sagen. —

Künftigen Montag, den 29., wird die Oper das erstemal aufgeführt. Tags darauf sollen Sie gleich von mir Rapport davon bekommen. Wegen der Arie ist es (aus Ursachen, die ich Ihnen mündlich sagen werde) schlechterdings unmöglich, sie Ihnen zu schicken. — ...

Nun leben Sie wohl. Ich bitte, Dero gnädigen Frau Mama in meinem Namen die Hände zu küssen, dem Frl. Schwester und H. Bruder mich bestens zu empfehlen und versichert zu seyn, daß ich stets seyn werde

Ihr wahrer Freund und Diener
W. A. Mozart

Sehnsucht nach der daheimgebliebenen Gattin

Dresden, den 13. April 1789.
Um 7 Uhr früh

Liebstes bestes Weibchen!

Wir glaubten Samstags nach Tisch in Dresden zu seyn, kamen aber erst gestern Sonntags um 6 Uhr abends an. So schlecht sind die Wege. Ich ging gestern noch zu Neumanns, wo Mad^{me} Duschek wohnt, um ihr den Brief von ihrem Mann zu geben. Es ist im 3ten Stock auf dem Gange und man sieht vom Zimmer jeden der kommt. Als ich an die Türe kam, war schon H. Neumann da und fragte mich, mit wem er die Ehre hätte zu sprechen. Ich antwortete: Gleich werde ich sagen, wer ich bin, nur haben Sie die Güte, Md^{me} Duschek herausrufen zu lassen, damit mein Spaß nicht verdorben wird. In diesem Augenblicke stand aber schon Mad^{me} Duschek vor meiner, denn sie erkannte mich vom Fenster aus und sagte gleich: Da kommt jemand, der aussieht wie Mozart. — Nun war alles voller Freude. — Die Gesellschaft war groß und bestand aus lauter häßlichen Frauenzimmern, aber sie ersetzten den Mangel der Schönheit durch Artigkeit. Heute geht der Fürst und ich zum Frühstück hin, dann zu Neumann, dann in die Kapelle. — Wir werden morgen oder übermorgen von hier nach Leipzig gehen. Nach Empfang dieses Briefes mußt du schon nach Berlin poste restante schreiben. Ich hoffe, Du wirst mein Schreiben von Prag richtig erhalten haben. Neumanns lassen sich alle Dir samt Duscheks empfehlen, wie auch dem H. und Fr. Schwägerin Langens.

Liebstes Weibchen, hätte ich doch auch schon einen Brief von Dir! Wenn ich Dir alles erzählen wollte, was ich mit Deinem lieben Portrait anfange, würdest Du wohl oft lachen. Zum Beyspiel, wenn ich es aus Deinem Arrest herausnehme, so sage: Grüß dich Gott, Stanzerl! — Grüß dich Gott, Spitzbub! — Krallerballer! — Spitzignas! — Bagatellerl — schluck und druck! Und wenn ich es wieder hineinthue, so lasse ich es nach und nach hineinrutschen und sage immer: Nu — Nu — Nu — Nu! Aber mit dem gewissen Nachdruck, den dieses so viel bedeutende Wort erfordert und bey dem letzten schnell: Gute Nacht, Mauserl, schlaf gesund! — Nun glaube ich so ziemlich was Dummes (für die Welt wenigstens) hingeschrieben zu haben, für uns aber, die wir uns so innig lieben, ist es gerade nicht dumm. Heute ist der 6. Tag, daß ich von Dir weg bin und bey Gott, mir scheint es schon ein Jahr zu seyn. — Du wirst wohl oft Mühe haben, meinen Brief zu lesen, weil ich in Eile und folglich etwas schlecht schreibe. — Adieu, liebe Einzige, der Wagen ist da. Da heißt es nicht bravo und der Wagen ist auch schon da, sondern — male. Lebe wohl und liebe mich ewig, so wie ich Dich. Ich küsse Dich millionenmal auf das zärtlichste und bin ewig

Dein Dich zärtlich liebender
Gatte W. A. Mozart

P. S. Wie führt sich unser Carl auf? Ich hoffe gut.
Küsse ihn statt meiner. An H. und Fr. Puchberg
alles Schöne. NB. Du mußt in Deinen Briefen nicht
das Maß nach den meinigen nehmen. Bey mir fallen
sie nur deswegen etwas kurz aus, weil ich pressiert
bin, sonst würde ich einen ganzen Bogen überschrei-
ben; Du hast aber mehr Muße. — Adieu.

Drückende Geldnöte und Sorgen

(An Kaufmann Michael Puchberg in Wien)

(Wien,) Den 17^t Julius 1789.

Liebster, bester Freund!
und verehrungswürdiger Br.

Sie sind gewiß böse auf mich, weil Sie mir gar
keine Antwort geben! Wenn ich Ihre Freundschafts-
bezeugungen und mein dermaliges Begehren zusammen halte, so finde ich, daß Sie vollkommen recht
haben. Wenn ich aber meine Unglücksfälle (und zwar
ohne mein Verschulden) und wieder Ihre freundschaftlichen Gesinnungen gegen mich zusammen halte,
so finde ich doch auch, daß ich Entschuldigung ver-
diene. Da ich Ihnen, mein Bester, alles, was ich nur
auf dem Herzen hatte in meinem letzten Brief mit
aller Aufrichtigkeit hinschrieb, so würden mir für
heute nichts als Wiederholungen übrig bleiben. Nur
muß ich noch hinzusetzen, I^{mo}, daß ich keiner so an-
sehnlichen Summa benöthiget seyn würde, wenn mir
nicht entsetzliche Kösten wegen der Kur meiner Frau

bevorständen, besonders, wenn sie nach Baden muß. 2do, da ich in kurzer Zeit versichert bin, in bessere Umstände zu kommen, so ist mir die zurückzahlende Summa sehr gleichgültig, für die gegenwärtige Zeit aber lieber und sicherer, wenn sie groß ist. 3tens muß ich Sie beschwören, daß, wenn es Ihnen ganz unmöglich wäre, mir diesmal mit dieser Summa zu helfen, Sie die Freundschaft und Bruderliebe für mich haben möchten, mich nur in diesem Augenblicke mit was Sie nur immer entbehren können, zu unterstützen, denn ich stehe wirklich darauf an. Zweifeln können Sie an meiner Rechtschaffenheit gewiß nicht, dazu kennen Sie mich zu gut. — Mißtrauen in meine Worte, Aufführung und Lebenswandel können Sie auch nicht setzen, weil Sie meine Lebensart und mein Betragen kennen. Folglich, verzeihen Sie mein Vertrauen zu Ihnen, bin ich ganz überzeugt, daß nur — Ohnmöglichkeit Sie hindern könnte, Ihrem Freund behülflich zu seyn. Können und wollen Sie mich ganz trösten, so werde ich Ihnen, als meinem Erretter, noch jenseits des Grabes danken, denn Sie verhelfen mir dadurch zu meinem ferneren Glück in der Folge. Wo nicht, — in Gottes Namen, so bitte und beschwöre ich Sie um eine augenblickliche Unterstützung nach Ihrem Belieben, aber auch um Rath und Trost. —

Ewig Ihr verbundenster Diener

P. S. Meine Frau war gestern wieder elend. Heute auf die Igel befindet sie sich Gottlob wieder besser; — ich bin doch sehr unglücklich! — Immer zwischen

Angst und Hoffnung! — Und dann! — Dr. Closset
war gestern auch wieder da.

Der Meister auf Stellensuche

(Wien, Anfang Mai 1791.)

Hochlöblich
Hochweiser Wienerischer Stadt Magistrat,
Gnädige Herrn!

Als Hr. Kapellmeister Hofmann krank lag, wollte
ich mir die Freyheit nehmen, um dessen Stelle zu
bitten; da meine musikalischen Talente und Werke,
so wie meine Tonkunst im Auslande bekannt sind,
man überall meinen Namen einiger Rücksicht wür-
diget und ich selbst am hiesigen Höchsten Hofe als
Kompositor angestellt zu seyn, seit mehreren Jahren
die Gnade habe, hoffte ich dieser Stelle nicht unwerth
zu seyn und eines Hochweisen Stadt-Magistrats Ge-
wogenheit zu verdienen.

Allein Kapellmeister Hofmann ward wieder gesund und bey diesem Umstande, da ich ihm die Fri-
stung seines Lebens vom Herzen gönne und wünsche,
habe ich gedacht, es dürfte vielleicht dem Dienste
der Domkirche und meiner gnädigen Herren zum
Vortheile gereichen, wenn ich dem schon älter ge-
wordenen Hr. Kapellmeister für itzt nur unentgelt-
lich adjungiret würde und dadurch die Gelegenheit
erhielte, diesem rechtschaffenen Manne in seinem
Dienste an die Hand zu gehen und eines Hochweisen

Stadt-Magistrats Rücksicht durch wirkliche Dienste mir zu erwerben, die ich durch meine auch im Kirchenstyl ausgebildeten Kenntnisse zu leisten, vor andern mich fähig halten darf.

Unterthänigster Diener
Wolfgang Amadé Mozart
k. k. Hofkompositor.

Strohwitwer Mozart

(An die Gattin in Baden bei Wien)

Liebstes, bestes Weibchen!

... Hoffe, Du wirst mein gestriges Schreiben auch richtig erhalten haben. Ich war nicht beym Ballon, denn ich kann es mir so einbilden und glaubte auch, es wird diesmal auch nichts daraus werden. Aber nun ist Jubel unter den Wienern! So sehr sie bisher geschimpft haben, so loben sie nun. — ...

Nun wünsche ich nichts, als daß meine Sachen schon in Ordnung wären, nur um wieder bey Dir zu seyn. Du kannst nicht glauben, wie mir die ganze Zeit her die Zeit lang um Dich war! Ich kann Dir meine Empfindung nicht erklären. Es ist eine gewisse Leere, — die mir halt wehe thut, — ein gewisses Sehnen, welches nie befriediget wird, folglich nie aufhört, immer fortdauert, ja von Tag zu Tag wächst. Wenn ich denke, wie lustig und kindisch wir in Baden beysammen waren und welche traurige, langweilige Stunden ich hier verlebe! Es freuet mich auch meine Arbeit nicht, weil, gewohnt bisweilen auszusetzen und mit Dir ein paar Worte zu sprechen, dieses Vergnügen nun leider eine Unmöglichkeit ist. Gehe ich ans Klavier und singe etwas aus der Oper*), so muß ich gleich aufhören. Es macht mir viel zu viel Empfindung. Basta! Wenn diese Stunde meine Sache zu Ende ist, so bin ich schon die andere Stunde nicht mehr hier. — Neues weiß ich Dir nicht zu schreiben. Die Illumination in Baden war wohl ein bischen übereilt, — weil die wahre Nachricht eben das Gegenteil ist! Ich werde in der Hofapotheke fragen, vielleicht können sie mir die Latwerge doch verschaffen; dann schicke ich sie Dir gleich. Unterdessen, (wenn es nötig seyn sollte), würde ich Dir lieber zum Weinstein, als zum Luftwasser rathen. — Adieu, liebstes Weibchen,

ewig Dein
Mozart.

Wien, den 7ten Jul. 1791.

Das von einem geheimnisvollen Fremden bestellte Requiem

(Vermutlich an Lorenzo Daponte)

Geschätzter Herr!

Wie gerne würde ich Ihrem Rate folgen, aber wie sollte es mir gelingen? Mein Kopf ist verwirrt. Ich

*) „Die Zauberflöte".

halte mich mit Mühe aufrecht, aber ich kann das Bild jenes Unbekannten vor meinen Augen nicht bannen. Ich sehe ihn immer vor mir, wie er bittet, wie er mich antreibt und wie er die Arbeit von mir fordert. Ich setze sie fort, weil mich das Komponieren weniger ermüdet als die Ruhe. Von anderswoher habe ich ja nichts mehr zu fürchten. Ich merke an meinem Zustand: Die Stunde schlägt; ich fühle mich nahe dem Tode. Ich bin am Ende, bevor ich mich meines Talentes freuen durfte. Und das Leben war doch so schön, meine Laufbahn begann unter so glücklichen Umständen. Aber an dem zugemessenen Geschick läßt sich nichts ändern. Keiner kann seine Lebenszeit bestimmen. Man muß sich fügen, wie es der Vorsehung gefällt. So beendige ich meinen Grabgesang, ich darf ihn nicht unfertig zurücklassen.

Wien, 7bre 1791.

Mozart

(Der Originaltext steht in italienischer Sprache.)

Wolfgang Amadeus Mozart starb in der Nacht vom 4. zum 5. Dezember 1791, ohne daß er die Totenmesse zu Ende führen konnte. Sein Schüler Süßmayer ergänzte die Komposition nach des Meisters Anweisungen und Skizzen.

NAMENVERZEICHNIS MIT ANMERKUNGEN

Adamberger, Valentin, Tenor des Wiener Nationalsingspiels, der erste Belmonte in „Entführung".

Adlgasser, Anton Cajetan, Komponist und Hoforganist in Salzburger Diensten.

Alphen, Eusebius Johann v., von Leopold Mozart ein „trefflicher Miniaturmahler" genannt, verfertigte in Brüssel 1763 eine Miniatur von Wolfgang und Nannerl.

Amicis, Marianne de, berühmte Sängerin, kreierte die Giunia in Mozarts „Lucio Silla".

Andretter, v., Hofkriegsrat zu Salzburg. Seine Familie gehörte zum engeren Bekanntenkreis der Mozarts.

Aprile, Giuseppe, italienischer Kastrat, den Mozart in Bologna kennenlernte.

Aurnhammer, Josephine v., gew. Schülerin und Verehrerin Mozarts.

Barisani, Dr., Sigmund, ein Mozart befreundeter Arzt.

Becke, Johann Baptist, ein Flötenvirtuose in München.

Benecke, Geh. Sekretär und Konsistorialrat in Diensten des Salzburger Erzbischofs.

Bullinger, Joseph, Salzburger Freund der Mozarts.

Canal, Graf, Bekannter Mozarts in Prag.

Cannabich, Christian, Komponist und Kapellmeister zu Mannheim.

Castiglione, Impresario in Mailand.

Cavalieri, Catarina, hervorragende Koloratursängerin, die erste Konstanze in „Entführung aus dem Serail".

Cecarelli, Fancesco, Sänger in salzburgischen Diensten.

Closset, Arzt, der Mozart behandelte.

Conac, Graf, den Mozart in Prag kennenlernte.

Daponte v. Ceneda, Lorenzo, Textdichter der Mozartopern „Figaro, „Don Giovanni" und „Così fan tutte".

Daubrawaick, ein Salzburger Bekannter der Familie Mozart.

Doll, „secondo maestro" zu Neapel.

Duschek, Franz und Josefine, ein Mozart befreundetes Künstlerehepaar in Prag.

Eck, Franz und Johann Friedrich, zwei Münchner Hofmusiker.

Edelmann, Johann Friedrich, Komponist.

Ferdinand IV., König von Neapel.

Fiat, Münchner Bekannter Mozarts, bei dem der Künstler logierte, als er seinen „Idomeneo" einstudierte.

Firmian, Graf Karl Joseph, Generalgouverneur der Lombardei, geborener Salzburger und Bruder eines 1740 verstorbenen Salzburger Fürsten, Förderer Mozarts.

Fischer, Karl Ludwig, ein ausgezeichneter Bassist des Wiener Nationalsingspiels, der erste Osmin in Mozarts „Entführung".

Freysinger, v., eine Leopold Mozart befreundete Familie in München.

Freystädtler, Franz, Schüler Mozarts, den der Meister in einem seiner ausgelassenen Kanons verewigt hat.

Gilofsky, Familie von Mozarts Salzburger Bekanntenkreis.

Gluck, Christoph Willibald, der berühmte Reformator der Oper.

Graf, Friedrich Hartmann, Augsburger Tonsetzer.

Guines, Duc de, Pariser Musikfreund. Für ihn und seine Tochter komponierte Mozart sein Konzert für Flöte und Harfe.

Haina, ein Musiker in Paris, der Mozarts Familie befreundet war.

Hatzfeld, Graf August, dessen Tod (Bonn, 1787) Mozart sehr nahe ging.

Hieronymus v. Colloredo, Salzburger Fürst und Mozarts zweiter Dienstherr.

Hofer, Franz, ein Wiener Geiger, der mit Mozarts Schwägerin, Josepha geb. Weber, verheiratet war.

Hofmann, Leopold, Kapellmeister von St. Stephan zu Wien.

Jacquin, Franziska und Gottfried v., vertraute Freunde

Mozarts in Wien. Ihr Vater war der berühmte Botaniker Joseph Franz v. Jacquin.

Jommelli, Niccolò, erfolgreicher italienischer Opernkomponist.

Joseph II., deutscher Kaiser, schätzte Mozart in erster Linie als Instrumentalkomponisten, während er die Opern des Meisters zu kompliziert fand.

Klein, Anton, Professor in Mannheim, Verfasser des Textbuches zu Holzbauers deutscher Oper „Günther von Schwarzburg".

Kleinmayrn, v., Archivdirektor des Salzburger Fürsten.

Lahoussaye, Pierre, französischer Violinist von Ansehen.

Lange, Aloysia geb. Weber, eine Schwägerin Mozarts. Der Künstler hatte Aloysia schon als junges Mädchen in Mannheim kennengelernt und sich damals in sie verliebt. Sie war eine ausgezeichnete Sängerin und wirkte zunächst an der Oper in München und dann in Wien.

Langenmantel, v., Stadtpfleger von Augsburg. Mozart übersetzte den Namen scherzhaft ins Italienische: Langotabarro.

Legrand, Ballettmeister und Tänzer an der Münchner Oper.

Manzuoli, Giovanni, italienischer Kastrat, den Mozart als Kind in London kennenlernte.

Maximilian Franz, Erzherzog, Maria Theresias jüngster Sohn, für dessen Festbesuch in Salzburg Mozart 1775 seine Oper „Il re pastore" schrieb.

Mayer, v., ein Sohn der Wiener Familie Mayer, die mit Mozarts befreundet war.

Mozart, Alois, Buchbindermeister in Augsburg, Bruder des Vaters Leopold und Vater von Mozarts „Bäsle".

— Anna Maria, geb. Pertl (Mutter).

— Karl Thomas (Sohn).

— Konstanze, geb. Weber (Gattin).

Mozart, Leopold (Vater).

— Maria Anna Thekla, das Augsburger „Bäsle".

— Maria Anna Walburga, nachmals verehelichte Berchthold zu Sonnenburg (Schwester „Nannerl").

— Wolfgang Amadeus (getauft: Johannes Chrysostomus Wolfgangus Theophilus).

Moll, v., in Diensten des Salzburger Fürsten.

„Nannerl": so nennt Mozart gewöhnlich seine Schwester Maria Anna Walburga.

Neumann, Johann Leopold, Sekretär in Dresden, bei dem Josepha Duschek während ihres Aufenthalts in der sächsischen Hauptstadt wohnte.

Noverre, Jean George, Reformator der Ballettkunst in Wien und Paris.

Peisser, Wiener Bekannter Mozarts.

Prato, Vincenzo del, italienischer Kastrat, der die Rolle des Idamante bei der Uraufführung von Mozarts „Idomeneo" in München zu singen hatte.

Puchberg, Michael, ein wohlhabender Wiener Kaufmann, der mit Mozart befreundet war und dem Meister wiederholt aus seinen finanziellen Nöten half.

Quallenberg, eine Dame aus Mozarts Bekanntenkreis.

Raaff, Anton, ein berühmter Tenorsänger in Mannheim und München, sang bei der Uraufführung von Mozarts „Idomeneo" die Titelrolle.

Ramlo, ein Bekannter Mozarts.

Ramm, Friedrich, Oboist der Münchner Opernkapelle.

Rodolpho, J. J., ein Ballettkomponist im Noverreschen Tanzstil.

Salieri, Antonio, italienischer Opernkomponist, Hofkapellmeister in Wien, ein Rivale Mozarts, nachmals Lehrer von Beethoven, Schubert und Liszt.

Schefler, Wiener Bankier.

Schlaucher, in Diensten des Salzburger Fürsten.

Seeau, Graf Joseph Anton, Intendant der Münchner Hoftheater.

Sigl, Münchner Musiker, der Klavier unterrichtete.

Stadler, Anton, ausgezeichneter Klarinettist, für den Mozart einige Kompositionen geschrieben hat.

Stein, Johann Andreas, berühmter Instrumentenbauer in Augsburg, der Vater von Nannette, nachmals verehelichter Streicher.

Stephanie der Jüngere, Christian Gottlob, bearbeitete für Mozart Bretzners Text „Belmonte und Constanze" und schrieb das Buch zu Mozarts Komödie mit Musik „Der Schauspieldirektor".

Storace, Nancy, eine hochbegabte Sängerin, die erste Susanne in Mozarts „Figaro", für die der Meister seine „Szene mit Rondo", K.-V. 505, komponierte.

Tavernier, ein der Familie Leopold Mozarts befreundetes Ehepaar in München.

Teyber, Therese, Sängerin des Wiener Nationalsingspiels, sang in der „Entführung aus dem Serail" bei der ersten Vorstellung die Partie des Blondchens.

Thorwart, Johann v., Rechnungsrevisor des Wiener k. k. Nationaltheaters, Vormund von Mozarts Konstanze.

Thun, Graf, Förderer Mozarts.

Vismes, de, Direktor der Pariser „Académie royale de musique".

Waldstätten, Barbara Freiin v., hilfreiche Freundin des Brautpaars Mozart.

Weber Aloysia, nachmals verehelichte Lange (siehe dort!).

— Josepha, nachmals verehelichte Hofer und Mayer, älteste Schwägerin Mozarts, sang bei der Uraufführung der „Zauberflöte" die Königin der Nacht.

— Konstanze, nachmals Mozarts Gattin.

— Maria Cäcilia, Mozarts Schwiegermutter.

— Sophie, nachmals verehelichte Haibl, Mozarts jüngste Schwägerin.

Wendling, Johann Bapt., Flötist in Mannheim und München, dessen Frau und Tochter tüchtige Sängerinnen waren. Die Familie stand mit den Mozarts in freundschaftlichen Beziehungen.

Zetto, v., Landrat in Wien, Beistand Konstanzes bei der Trauung.